T0349427

El modo goblin

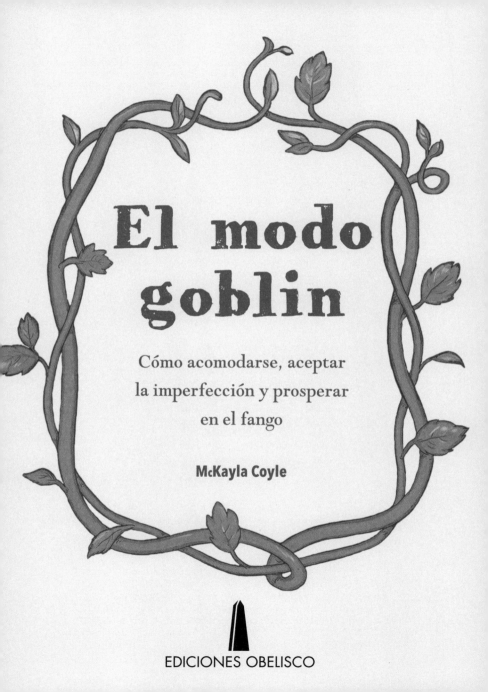

El modo goblin

Cómo acomodarse, aceptar
la imperfección y prosperar
en el fango

McKayla Coyle

EDICIONES OBELISCO

Si este libro le ha interesado y desea que le mantengamos informado
de nuestras publicaciones, escríbanos indicándonos qué temas son de su interés
(Astrología, Autoayuda, Ciencias Ocultas, Artes Marciales, Naturismo, Espiritualidad,
Tradición…) y gustosamente le complaceremos.

Puede consultar nuestro catálogo en www.edicionesobelisco.com

Colección Magia y ocultismo
EL MODO GOBLIN
McKayla Coyle

1.ª edición: noviembre de 2024

Título original: *Goblin Mode*

Traducción: *Jordi Font*
Maquetación: *Marga Benavides*
Corrección: *Sara Moreno*

© 2023, Quirk Productions, Inc.
Original en inglés publicado por Quirk Books, Filadelfia, Pensilvania, USA
Cesión de derechos en español a través de Ute Körner Lit. Ag., Spain
www.uklitag.com
(Reservados todos los derechos)
© 2024, Ediciones Obelisco, S. L.
(Reservados los derechos para la presente edición)

Edita: Ediciones Obelisco, S. L.
Collita, 23-25 Pol. Ind. Molí de la Bastida
08191 Rubí - Barcelona - España
Tel. 93 309 85 25
E-mail: info@edicionesobelisco.com

ISBN: 978-84-1172-207-0
DL B 13347-2024

Impreso en SAGRAFIC
Passatge Carsí, 6 - 08025 Barcelona

Printed in Spain

**Para mi familia, que son todos profunda
y maravillosamente goblincore**

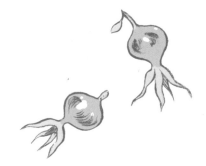

Bienvenidos, goblins

Si has escogido este libro, es probable que quieras entrar en contacto con tu naturaleza goblin, aunque aún no estés seguro de qué significa eso. Quizás estés buscando nuevas formas de conectar con la naturaleza y sentirte presente en el mundo. Es posible que estés buscando una comunidad de personas curiosas y sin prejuicios cuyos intereses coincidan con los tuyos (por muy poco convencionales que sean esos intereses). Tal vez estés cansado de la constante actuación asociada con el gusto y el estilo, y estés buscando algo que te resulte más acogedor y represente mejor quién eres. Tanto si sientes uno de estos impulsos como si los sientes todos a la vez, la vida goblin podría ser justo lo que estés buscando.

Vivimos en una cultura que valora la perfección y la conformidad, por lo que nos puede resultar embarazoso considerar que tenemos un sitio en el mundo si somos algo diferentes. Nuestras identidades y nuestras relaciones se reducen a sus formas más simples para que sean más fáciles de digerir. El estilo de vida goblin se opone a la idea de que debemos ser limpios y tranquilos, y carecer de poros para existir en el mundo. Los bichos raros, sucios y complicados merecemos el mismo amor que los demás. Nuestra valía no viene dictaminada por lo fácil que nos resulte hacernos publicidad.

Pero ¿qué entendemos exactamente por goblin? Para empezar: bien, ya lo sabes, ¡un goblin! Un tipo raro de los cuentos de hadas y del folclore. Y precisamente de estos tipos raros surge la inspiración para el goblincore. «Goblincore» es un término que surgió en las redes sociales para describir una combinación concreta de ropa, decoración y actitud general. Añadir el sufijo «core» al final de una palabra es una forma de mostrar que una determinada combinación de ropa, decoración y actitud la amalgama un gusto o una vibración. Así pues, goblincore se refiere a un conjunto de gustos que recuerdan a los goblins o están inspirados en los goblins. ¿Qué tipo de cosas recuerdan a los goblins? Cualquier cosa que les guste a los goblins, como las setas, el lodo o los bichos. Goblincore es una estética para aquéllos de nosotros que somos un poco demasiado desorganizados para el minimalismo, un poco demasiado sucios para el *hygge* y, probablemente, un poco demasiado complicados para cualquier otra cosa.

Si algo de esto te suena interesante, emocionante o familiar, entonces has escogido el libro adecuado. En estas páginas aprenderás cómo incorporar el espíritu goblin a tu vida cotidiana. Este libro ofrece todo tipo de consejos y actividades que te ayudarán a sacar el goblin que llevas dentro, desde ejercicios para mantener afiladas tus habilidades de observación hasta manualidades que aportarán más estilo goblin a tu vida, pasando por consejos de moda y decoración que aportarán un toque goblin a tu casa y a tu armario. ¿Estás interesado en pasar más tiempo al aire libre o dedicar más tiempo a tu *outfit*? ¿Prefieres aprender a buscar comida o aprender cosas sobre las ranas? ¡Aquí no tienes opciones a elegir! Aprende todas y cada una de las extrañas aficiones y de los intereses inesperados que desee tu corazón goblin.

Todo esto quiere decir que la vida goblin es para todos. Puede ser tan sencilla o tan compleja como tú quieras que sea y, en última instancia, eres tú quien decide qué tipo de goblin quieres ser. El mundo goblin acoge a todo el mundo y tiene mucho que enseñarnos sobre cómo crear un planeta más inclusivo e interesante. Aceptar el goblin que llevas dentro significa aceptar las cosas que nos enseñan a ignorar la naturaleza humana: lo bueno, lo raro y lo embarazoso. Se trata de volver a contactar con nuestro niño interior y dejarle el timón. Si algo de esto te suena bien, puede que seas un goblin.

CAPÍTULO I

Nuestros goblins, nosotros mismos

Por qué añoramos
la vida goblin

¿Alguna vez te has encontrado desplazándote por alguna aplicación de redes sociales, mirando una fotografía tras otra de paredes desnudas de tono beis, muebles sobrios de buen gusto y habitaciones con una monstera o un ficus en una esquina, y te has preguntado: «¿Es esto lo que significa ser adulto? ¿Es ésta la única forma de demostrar a la gente que tengo Buen gusto con mayúsculas? ¿Es el minimalismo la única tendencia aceptable?». La respuesta, por suerte, es «por supuesto que no».

Aunque el minimalismo puede parecer auténtico a mucha gente, no es para todo el mundo. Si eres el tipo de persona que prefiere un hogar «habitado» (léase desordenado), que prefiere el desorden seleccionado a la elegancia impecable, que tiene un montón de aficiones e intereses que le gusta mostrar con orgullo en lugar de ocultar, es probable que te hayas encontrado con dificultades tratando de encajar en las tendencias que dan prioridad a una estética simplificada. ¡Pero no pasa nada! Tus gustos son mucho más amplios que una sola tendencia: nadie puede encontrarse representado totalmente en un estilo de diseño de interiores. Las personas somos demasiado complicadas.

Ser un goblin es abrirse al hecho de que uno contiene multitudes y darse cuenta de que todas esas multitudes merecen ser homenajeadas. Tanto si las homenajeas redecorando tu hogar, vistiéndote con un estilo excéntrico, guardándote tiempo para hacer cosas que te gustan o encontrando nuevas maneras de cuidarte, no tienes por qué minimizarte porque sientas la necesidad de ajustarte a una tendencia. Como descubrirás, el estilo de vida goblin fomenta la rareza, festeja el desorden y, sobre todo, aboga por encontrar el empoderamiento en tu propia comodidad y felicidad. Así que, ¿por qué seguir intentando encajar en un estilo de vida que no te queda bien, cuando podrías ser un goblin?

A los goblins les interesa coleccionar baratijas chulas y encontrar muebles en los que puedan tanto anidar como rebuscar. A los goblins les encanta la naturaleza, pero las cosas raras de la naturaleza. El goblincore es musgo, setas y caracoles. El goblincore es la estética hogareña y acogedora que da la bienvenida a todo el mundo, incluidos y especialmente los bichos raros. El goblincore ha reunido lo acogedor, las sensibilidades poco convencionales, las habilidades para el bricolaje y la afinidad por la naturaleza, y lo ha envuelto todo en una enorme y suave bola de musgo. En el proceso, también ha dado la vuelta a algunas ideas establecidas sobre estilo y gusto.

Pero el goblincore es algo más que un estilo de decoración. También es una próspera comunidad *online* para personas que no siempre encajan. La sociedad es a menudo reductora en su comprensión de la enorme variedad de experiencias humanas, y puede ser desolador sentirse como una seta que aparece en un césped cuidadosamente cuidado. La comunidad goblin acoge a todos aquellos que alguna vez se han sentido excluidos por su identidad, su capacidad, su raza, su clase o sus intereses. Vivir la vida goblin significa recuperar todas las pasiones y los intereses que has ignorado porque eran demasiado «raros» y atender las cosas de ti mismo que te hacían sentir como un extraño.

Los goblins son bichos raros que aprecian a otros bichos raros. Les encantan las cosas que a los demás no les gustan o dan por sentadas. Ascienden lo extraño y lo aparentemente intrascendente a la categoría de «guay» o incluso «adorado». Los goblins son creadores de gustos y tendencias; se burlan de las reglas de estilo, de la utilidad, del género y del capitalismo. Los goblins viven según el credo de que la basura de un hombre debe ser el tesoro de todo el mundo. ¿Quién no querría ser un goblin?

¿Quién quiere ser un goblin?

¡Cualquiera! Si quieres ser un goblin, eres un goblin. Por supuesto, los tipos de personas que quieren ser goblins tienden a ser un poco más específicos. (¿Por alguna razón no todo el mundo quiere ser un tipo pequeño y divertido?). La comunidad goblincore tal y como existe en Internet está formada en gran parte por personas neurodivergentes, miembros de la comunidad LGBTQ+ (especialmente personas trans y no binarias), anticapitalistas, introvertidas, artistas, amantes de la naturaleza, fans tanto de Baba Yaga como de Baby Yoda, gente que sabe mucho sobre cuervos, jardineros góticos y otras personas geniales, aunque un poco alternativas.

El estilo de vida goblin tiende a atraer a estas poblaciones porque ensalza todo lo que es peculiar y, en cambio, se pasa por alto. Celebra lo extraño y ofrece un espacio acogedor que quiere oír hablar de todas las cositas raras que has encontrado hoy en el suelo. La comunidad goblincore *online* se opone activamente a muchas normas sociales apreciando lo hecho a mano y lo encontrado por encima de lo fabricado y comprado, y las cosas con defectos e inusuales por encima de las clásicamente bellas. Por este motivo, grupos a menudo marginados pueden encontrar un hogar entre los goblins.

En el césped de la sociedad, los goblins han encontrado un espacio para sí mismos en el que han plantado musgo y flores silvestres y setas y árboles torcidos en la tierra donde solía estar esa hierba demasiado regada. Los goblins quieren crear un nuevo mundo más inclusivo (y también más extraño, caótico y verde) que el actual. Cualquiera que apoye este tipo de mundo puede llamarse goblin.

¿Por qué goblins?

De todos los habitantes míticos y mágicos del bosque, ¿por qué escoger a los goblins como mascota? Sencillamente, porque los goblins encajan perfectamente en estos ideales de comodidad y rareza. A menudo se considera que los goblins son miembros de una subespecie de las hadas, aunque se los suele representar como más sucios y menos refinados que éstas y otras criaturas míticas; son criaturas juguetonas, rebeldes y fantásticas, con una conexión especial con la naturaleza. El goblincore es una estética que se esfuerza por ser extraña, poco convencional, mágica y natural. En esta estética, los duendes se convierten en representaciones de un amor por las cosas que son, como las propias criaturas, extrañas, atractivas de maneras poco convencionales y quizá un punto desaliñadas.

En los cuentos de hadas y las historias tradicionales, los goblins están muy conectados con la naturaleza, pero no con aquellas partes de la naturaleza que otras personas consideran deseables o agradables. Prefieren las setas y las polillas a las flores y las mariposas. Sienten una profunda amistad con aquellas partes del mundo natural que a menudo se ignoran, porque los goblins comprenden qué se siente al ser ignorado. Como la rama más inusual del árbol genealógico de las hadas, los goblins están comprometidos con mejorar todas las cosas extrañas y extraordinarias.

A los goblins también les encanta encontrar objetos bonitos para coleccionar y compartir, pero su definición de belleza es amplia y personal. Están redefiniendo qué significa que algo sea un tesoro o sea bonito. A la mayoría de la gente no se le ocurriría considerar como decoración unos frascos de tierra, unas plantas secas o unos manojos de ramitas, pero los goblins saben que estos extraños objetos pueden tener un significado personal y que la belleza está en el ojo de quien mira. No acumulan basura, sino que utilizan su sentido único del estilo para cultivar una comunidad. Para los goblins coleccionar tesoros especiales es una estupenda manera de conocer a personas con preferencias e intereses similares que también disfrutarán con sus colecciones. Es una forma de perfeccionar su gustos y ampliar sus comunidades.

Dado que los goblins están comprometidos con el coleccionismo y la defensa de ideas y objetos al margen de las tendencias y el gusto popular, también son iconos anticapitalistas. La ropa, la decoración, las joyas y el arte que adopta la comunidad goblin son en su mayoría gratis, encontrados por la calle o hechos en casa. Ser goblin no significa gastar mucho dinero en cosas nuevas, sino encontrar la belleza en las cosas que ya tienes delante. Se trata de reinterpretar qué significa ser bello y qué significa ser valioso para alguien.

Los goblins son seres mágicos que comprenden las complejidades del mundo; son rebeldes y agitadores que sobrepasan los límites cuando saben que es lo correcto. A diferencia de otros seres que tienden a evitar la suciedad de la vida, los goblins la abrazan de todo corazón. No ven el mundo de forma tan simple como a veces lo hace la gente, y saben que todos somos más complejos de lo que una etiqueta fácilmente definible puede expresar. Los goblins son extraños y desorganizados, y progresan en los espacios turbios y contradictorios que no siempre amamos de nosotros mismos. Les encanta dar la vuelta a una simple piedra gris y encontrar un mundo de bichos de colores brillantes correteando por el lodo.

Goblins populares

Los goblins se han representado de muchas formas distintas a lo largo de la historia, desde la época medieval hasta la película *Dentro del laberinto* (*Labe-*

rinto en Hispanoamérica), pasando por Shakespeare. Si levantas una piedra en cualquier cuento de hadas, es probable que encuentres un goblin escondido, junto con algunos bichos molones. Los goblins son los embusteros, los traviesos rebeldes, los catalizadores de la acción de muchos cuentos conocidos. Pero tal vez quieras saber más cosas sobre la historia cultural de los goblins antes de lanzarte de lleno a vivir tu propia verdad goblin o tal vez estés buscando un modelo goblin a seguir. Ningún problema. Echemos un vistazo a algunos de los goblins más conocidos a lo largo de su historia jugando a «¿Qué goblin eres?».

Goblin clásico (de los cuentos de hadas). Eres un pequeño travieso. Te encanta causar problemas y gastar bromas pesadas. Te irritas con facilidad y cuando te enfadas, te cuesta controlar tu genio. A veces esto puede hacer que parezcas más temible de lo que realmente eres, pero en el fondo eres bienintencionado y bondadoso. Actúas siguiendo tus propias reglas, pero eso no significa que no sean razonadas y pragmáticas (al menos, así te lo parecen a ti).

Puck (de *El sueño de una noche de verano*, de William Shakespeare). Como el goblin de los cuentos de hadas, te encanta gastar bromas y hacer travesuras. Sin embargo, no prestas mucha atención a los detalles y a menudo te distraes cuando desempeñas una tarea (incluso aunque sea importante). Esto puede deberse a que padeces el síndrome del protagonista principal y estás demasiado ocupado pensando en tu próxima gran película como para centrarte en la vida de otra persona. O puede que tus prioridades sean algo diferentes a las de los demás y prefieras pasar el tiempo divirtiéndote que siguiendo las órdenes de otra persona.

Goblin de Mundodisco (de las novelas fantásticas de Terry Pratchett). Eres tan listo como raro, lo cual es impresionante, porque eres superraro. De todos modos, te sientes orgulloso de tus intereses poco ortodoxos y de tus aficiones excéntricas, y la gente ha aprendido a respetarte por ello. A diferencia de otros tipos de goblin, tienes una mente para los detalles y la mecánica, y utilizas estos talentos para el bien (la mayoría de las veces).

Jareth, el rey de los duendes (de la película *Dentro del laberinto*). Tienes un carisma innegable e incluso atraes a la gente a la que no le gustas. Como otros goblins, eres un rebelde y un alborotador, pero a diferencia de otros goblins, tienes el encanto de un héroe romántico. También eres, sobre todo, la persona más dramática que jamás haya existido. Muchos goblins tienen un don para el drama, pero nadie se equipara a ti cuando se trata de puro espectáculo.

El Duende Verde (de los cómics de Marvel). Odias a Spiderman, eres Willem Dafoe y tienes un monopatín muy chulo. Por desgracia, tienes que cumplir todos estos requisitos para ser el Duende Verde.

Independientemente de con qué goblin hayas conectado más, te habrás dado cuenta de que estas diferentes representaciones de goblins tienen mucho en común. Estos goblins son en gran medida traviesos, juguetones, rebeldes e inteligentes. Los goblins tienen un sentido de la diversión que a veces roza lo oscuro, pero en general son capaces de transitar con bastante pericia por la delgada línea que separa lo extraño y lo siniestro.

En relación con esto, también es importante señalar que estos goblins son todos unos bichos raros. Eso es fundamental para ser un goblin. Ser un bicho raro es básicamente la regla goblin número uno. Tu estilo personal de rareza puede variar –tal vez seas más un goblin que «conoce todas las especies de setas» que un goblin que «se empeña en vestir siempre con chaleco»–, pero todos los goblins abrazan su rareza y la muestran abiertamente.

Problemas goblin

Dicho esto: el goblin como figura fantástica también ha tenido algunas asociaciones desafortunadas. Históricamente, la imagen del goblin como criatura maliciosa, avariciosa y con nariz aguileña se ha utilizado como caricatura del pueblo judío para sembrar el odio y el miedo. (Piensa en los goblins de Gringotts en Harry Potter. Esos goblins son básicamente una plantilla para la imaginería antisemita: dientes afilados, narices ganchudas, dedos con garras, orejas puntiagudas, hostiles, literalmente a cargo de un banco. Es francamente chocante). Cuando ensalcemos a los goblins, también es importante que reconozcamos (¡y rechacemos!) las formas en que se ha utilizado la imaginería de los duendes con fines antisemitas. El goblincore es para todo el mundo, y promover el odio y la discriminación va en contra del Código Goblin, que conocerás al final de este capítulo.

Cuando busques en las historias fantásticas y en el arte tus modelos de conducta goblin, ten en cuenta las siguientes señales de alarma:

- **Codicia.** Los goblins son coleccionistas, pero les encanta compartir las cosas que encuentran e involucrar a toda la comunidad en las alegrías de sus colecciones. Si un goblin es avaricioso o acumula cosas, puede que esté recurriendo a motivos antisemitas.
- **Maldad.** Los goblins son rebeldes divertidos y juguetones, ¡no son malvados! Claro, a veces los goblins pueden ser perturbadores adorables o inconformistas reflexivos, pero no son villanos. Los goblins malvados de las historias pueden ser antisemitas o simplemente malos modelos de conducta, pero sea como sea, siempre podemos poner tierra de por medio.
- **Suciedad.** A veces los goblins se embarran un poco, y todos los buenos jardineros tienen tierra debajo de las uñas, pero eso es distinto de estar

sucio o ser impuro. Una imagen de los goblins que enfatice su supuesta naturaleza poco higiénica puede estar expresando antisemitismo u otro tipo de xenofobia. (Es sorprendente la cantidad de grupos diferentes que la América blanca ha retratado como poco limpios). Si todavía te preocupa que los goblins sean antisemitas, ¡tómate un tiempo para investigar sobre el tema! Cada persona tiene sus propios sentimientos, pero eres tú quien debe escuchar y decidir por ti mismo qué te parece lo correcto. Es más difícil equivocarse cuando se toma una decisión meditada e informada.

El estilo goblin

Llegados a este punto, puede que te estés preguntando cómo es realmente vivir siguiendo un estilo de vida goblin. Lo más probable es que ya estés más cerca de lo que crees. A la comunidad goblin le encantan cosas como la ropa tejida a mano (sobre todo si ese tejido a mano no es perfecto), bonitos frascos de cristal llenos de objetos misteriosos, cristales y plantas secas, libros viejos, plantitas que crecen en recipientes reciclados, velas que gotean cera, huesos de animales, armarios botiquines y conchas marinas. Pero si no te va este estilo en concreto, ¡quizá es que no eres ese tipo de goblin! Lo importante es el desorden acogedor: estar rodeado de *tus* cosas favoritas y familiares, las cosas que te hacen sentir como en casa, sin preocuparte por ser ordenado o estar presentable. En pocas palabras, una guarida goblin es como dar un paseo por el bosque y llegar a un claro donde el terreno es muy suave y musgoso, y las nubes son lo suficientemente densas como para oscurecer el Sol, y el aire es fresco, pero no frío, y hasta este momento nunca te habías planteado ir a dormir al bosque, pero ahora no estás seguro de querer dormir en ningún otro sitio.

Para comenzar tu viaje hacia la condición de goblin, no dudes en ir poco a poco. Amontona todas las mantas en el sofá, la cama o el suelo antes de ponerte a ver la tele. Vístete con tus tres prendas favoritas más cómodas (cuanto menos combinen, mejor). Dedica un día a hacer una manualidad sencilla, como pintar piedras o hacer una guirnalda de setas con papel e hilo. No hace falta mucho para ser un goblin, porque los goblins no necesitan mucho. La vida goblin enfatiza la importancia de encontrar la belleza a tu alrededor, así que probablemente puedas decorar todo tu espacio siguiendo el estilo goblin sin ni siquiera acudir a una tienda.

A los goblins les encantan los objetos hechos a mano, así que puede ser interesante adquirir algunas habilidades artesanales para dar un toque extra a tu espacio goblin. Estas habilidades no tienen por qué ser caras: todo lo que necesitas saber lo puedes aprender gratis en Internet (o en la biblioteca de tu comunidad) y muchos materiales para manualidades los puedes encontrar o fabricar de forma gratuita o económica si sabes dónde buscar.

El punto y el ganchillo, la jardinería, el moldeado de arcilla, el bordado y la bisutería son aficiones que no resultan demasiado difíciles de aprender y que puedes adaptar con bastante facilidad a tu nivel de habilidad. (¡En este libro aprenderás algunas habilidades básicas!). Si sólo se te da bien hacer punto, céntrate en hacer bufandas de distintos tipos; si te gusta la arcilla, pero no quieres ponerte manos a la obra con el horno y el torno de alfarería, hazte con arcilla de secado al aire y elabora setas de pequeño tamaño. Adorna tu cubil con cosas que tengan significado para ti porque representan tus pasiones y tus habilidades. ¿Qué hay más acogedor que estar siempre rodeado de regalitos hechos por ti mismo? Para iniciarte en tu viaje de goblin, a continuación te muestro algunas ideas de decoraciones sencillas que puedes hacer independientemente de tu nivel de habilidad. (De hecho, cuanto menos talentoso seas, más goblin podrán resultar tus manualidades).

- Recorta papel (o fieltro) en forma de setas, píntalas y pégalas a un hilo para crear una guirnalda de setas.
- ¿Tienes frascos de cristal y no sabes qué hacer con ellos? Sácalos y llena cada uno de ellos con un objeto diferente: hilo, tierra, velas de té, cristales…, lo que tengas a mano.
- Mantas. Por todas partes. En realidad, no se trata de un proyecto de manualidades (a menos que quieras hacer tus propias mantas), pero prueba a ponértelas o a atártelas por el cuerpo y llámalo «hacer tu propia ropa».
- Sal a dar un paseo y recoge algunas flores y hojas. Prénsalas entre papeles bajo el peso de un libro grueso o cuélgalas boca abajo hasta que se sequen.
- Busca recipientes viejos que ya no utilices, llénalos de tierra y planta algo en ellos.
- Con arcilla, moldea ranitas, setas, polillas o ratas, y así tendrás algunos amigos en tu espacio. Si no tienes arcilla, puedes dibujarlos y colgar los dibujos en la pared.

Adoptar un estilo goblin también significa llevar ropa que refleje tu sensibilidad goblin. Esto no significa que tengas que invertir en un armario completamente nuevo, sino que puedes replantearte tus elecciones de ropa para maximizar tu comodidad y enfatizar tu estilo personal. A continuación, te muestro algunas formas sencillas de empezar a vestirte como el goblin que eres.

- Experimenta con la superposición de prendas, sobre todo de prendas que normalmente no te pondrías juntas. Mezcla colores, estampados y texturas para encontrar combinaciones divertidas que te resulten nuevas y divertidas.
- Asegúrate de sentirte cómodo con tu ropa, tanto mental como físicamente. No te pongas nada que te haga sentir mal o cohibido. Si prefieres ciertas

texturas o determinados estilos, ¡decántate por ellos! Disfruta de la comodidad dondequiera que la encuentres.

- Ponte accesorios. Ponte todos los anillos y pins y parches y gorros y bolsos y guantes que quieras. Lleva siempre contigo una rana de peluche. Ponte sólo pendientes hechos por ti. Hay muchas maneras de darle un toque goblin a tus accesorios.

- Recicla, ahorra, zurce y remienda tu ropa para que dure más y tenga un aspecto aún más personalizado. Estos métodos no sólo son buenos para el medioambiente, sino que también impulsarán tu estilo a un nivel superior.

Por supuesto, siéntete libre de interpretar el goblin de la forma que mejor se ajuste a tus gustos personales. Si no te gustan las ranas ni las setas, puedes incorporar más musgo y rocas a tu aspecto. No te sientas mal si tienes que cambiar un poco las cosas para que tu naturaleza de goblin se adapte a tu caso.

El código goblin

Ha llegado el momento de establecer los principios del estilo de vida goblin. El goblincore es, obviamente, una estética y un estilo de decoración, pero también es mucho más que eso. Para ser un goblin, querrás adoptar algunas ideas. Este código no consiste en redactar reglamentos rígidos y aplicar castigos, sino que es una estructura flexible que puede guiarte en tu búsqueda de una vida goblin. No lo veas como un conjunto de absolutos. Por el contrario, consulta este código cuando no te sientas en contacto con tu yo goblin o cuando busques orientación en tus aventuras goblin.

Ningún manifiesto es realmente exhaustivo o completo, pero éste subraya algunas de las partes más significativas de la cultura goblin. Recuerda que la vida goblin consiste en hacer que el mundo que te rodea sea más acogedor, más extraño, más mugriento y más amable. Espero que los siguientes principios te sirvan de base para esta misión.

VE LA BELLEZA EN CUALQUIER PARTE

Quizá resulte más fácil decirlo que hacerlo, pero con la práctica hasta el goblin más cínico puede recuperar su sentido de maravillarse. Los goblins son capaces de apreciar lo tradicionalmente bello, pero lo que realmente les encanta es encontrar belleza en lugares extraños e inesperados. Quizá haya una grieta en la acera con forma de corazón o una muñeca de la infancia empiece a parecer un poco embrujada (en el buen sentido). Puede que la tierra de debajo de un árbol resulte especialmente fresca y suave o que el sonido del lavavajillas sea extrañamente relajante. La belleza no se ve –ni se siente, ni suena, ni sabe– de una manera determinada. Parte de la alegría de ser un goblin consiste en redefinir la belleza según tus propios criterios y pasar todos los días de tu vida buscando momentos de extraña y surrealista belleza.

ACEPTA TU RAREZA

A estas alturas ya debería resultar evidente que los goblins son raros. Son pequeños seres caóticos, encantadoramente salvajes, que viven según sus propias reglas. El estilo de vida goblin consiste en rechazar las normas de belleza y vivir la vida como tú quieras; así pues, ¿te sorprende que los goblins sean raros? Para convertirte realmente en un goblin, tienes que reconocer la rareza que siempre has llevado dentro. Obstínate por los intereses que a tus compañeros de trabajo les chocaría descubrir. Vístete de una forma que realmente te haga sentir bien, no de una forma que sea socialmente aceptable. Explora nuevas aficiones que antes te parecían poco comerciales o quizá un poco malolientes.

En el fondo, todos somos raros. La mentalidad goblin consiste en dejar que esa rareza aflore a la superficie y festejarla. Tu rareza sin obstrucciones puede inspirar a otra persona a aceptar su rareza secreta. O puede que simplemente te haga sentir más alegre y confiado en tu vida cotidiana. En cualquier caso, sea como sea, cuando eres raro, ganas.

PONTE CÓMODO

Éste es uno de los principios más importantes del reino goblin. En el mundo de los adultos no hay mucho que sea acogedor o que permita algún tipo de comodidad personal. Se espera de nosotros que dejemos de lado lo que queremos en favor de lo que la sociedad quiere que queramos. Pero ésta es una forma estúpida de vivir. Si siempre tienes frío en la oficina, deberías poder llevar tres sudaderas con capucha y una manta. Si llevar auriculares para evitar el ruido te hace sentir seguro, deberías poder llevar auriculares todo el día. Si necesitas comer algo cada hora para funcionar, deberías tener siempre a mano comida que te guste. Es un privilegio poder preocuparse por cosas como la comodidad, pero los goblins son revolucionarios en su creencia de que la supervivencia no es algo que tengas que ganarte y la comodidad tampoco. Tanto las necesidades básicas como las pequeñas alegrías deberían estar al alcance de todo el mundo.

La comodidad no termina en los castillos de almohadas y los nidos de mantas (aunque son un buen punto de partida). Ser acogedor significa dejar espacio para uno mismo. Los goblins imaginan un mundo en el que se reconozcan las necesidades y los intereses de todos, un mundo nuevo y radical en el que todos puedan dar prioridad de manera respetuosa a su propia comodidad.

CELEBRA EL DESORDEN

He aquí un fenómeno extraño: hacemos, encontramos y compramos cosas bonitas sólo para esconderlas en armarios, muebles bajos, cajas y cajones. Se espera de nosotros que seamos limpios y ordenados, y en todo momento estemos presentables, incluso en nuestro propio hogar cuando estamos solos. Esto no tiene ningún sentido. Si eres una persona desordenada por naturaleza, ¿por qué tienes que ocultar ese desorden? Al contrario, ¡acéptalo! Saca todos los pequeños objetos que te hacen sentir feliz y disponlos a tu alrededor para poder mirarlos siempre que te sientas deprimido. Rodéate de las cosas que te gustan y tenlas siempre a la vista. El desorden puede ser una estupenda manera de mostrar lo que te gusta y de preocuparte abiertamente por esos amores. Es una oportunidad para tratar las cosas que te gustan con ternura y presentarlas de una manera que demuestre cuánto te importan.

El desorden goblin no consiste en disponer las cosas al azar (aunque si quieres puedes hacerlo en parte). Se trata de reflexionar detenidamente sobre las cosas que te gustan y considerar qué significan para ti, y luego exponerlas de una manera que refleje ese significado. Se trata de considerar y aceptar las cosas que tienes, en lugar de consumirlas desconsideradamente. Rodéate de objetos que te gusten y siempre recordarás las pequeñas cosas que te hacen especial y distinto. El desorden goblin consiste en permitirte cuidar las cosas que tienes y encontrar en ellas alegría y satisfacción.

SÉ UN BUEN MIEMBRO DE LA COMUNIDAD

Ningún goblin es una isla. En Internet, la comunidad goblincore es conocida por ser una comunidad acogedora y afectuosa, y eso se debe a que incluso los goblins más introvertidos saben que ser goblin es mejor con otros goblins a tu lado. Puede que tu comunidad goblin también tenga sus raíces en Internet, o puede que sea en directo. Tal vez tu comunidad goblin sea un grupo de personas que se escriben cartas antiguas selladas con cera. Tu comunidad puede ser como tú quieras, pero tener una comunidad va a aportar mucha más alegría a tu experiencia goblin de la que encontrarías si estuvieras solo.

Gran parte de la ética de los goblins consiste en oponerse a las normas sociales y de belleza, y encontrar una nueva forma de moverse por el mundo, y es difícil crear un mundo así cuando estás solo. Hay muchos otros goblins maravillosos con grandes ideas y tesoros geniales, y todos dedican su vida a esta estética divertida y salvaje que tiene un significado y un poder sorprendentes en un mundo capitalista avanzado. Cuando interactúes con otros goblins, asegúrate de ofrecerles siempre la atención y el respeto que ofrecerías a cualquier otra cosa en la naturaleza. Escucha a los demás, ten en cuenta sus límites y habla con cuidado. Ser un goblin significa comprender tu papel en un ecosistema mayor, y a veces ese ecosistema es social.

Además, asegúrate de ser un buen miembro de la comunidad para la gente de fuera de tu comunidad goblin. Encuentra la forma de utilizar tus habilidades goblins para mejorar la vida de quienes te rodean. Los goblins son personas reflexivas y compasivas, y tienen mucho que ofrecer a sus comunidades. Si sabes mucho de jardinería, quizá puedas ayudar a crear un huerto comunitario en tu zona. Si se te da muy bien hacer punto, haz bufandas o gorros para tus vecinos. Puedes empezar por algo mucho más simple y regalar a tus amigos paquetitos para el cuidado de goblins (bolsitas con objetos chulos y diminutos que hayas encontrado). Cualquier acto de cariño puede tener un gran impacto, y hay pocas cosas que les gusten más a los goblins que provocar cambios (y quizá también hacer alguna travesura).

RESPETA LA NATURALEZA

Todos los goblins forman parte de la naturaleza, por lo que deben respetarla y honrarla. Pero los goblins también saben que la definición de naturaleza va mucho más allá de flores bonitas, arroyos serpenteantes y paisajes hermosos. La naturaleza no es sólo algo grande y bello, sino todas las pequeñas cosas que se unen para crear algo grande y bello. La naturaleza no son sólo las flores silvestres, sino también los gusanos y la tierra que alimentan a las flores, los pájaros y los insectos que las polinizan y esparcen las semillas, y la muerte y la descomposición que forman parte del ciclo de la vida. A los goblins les encan tan todas las partes de la naturaleza, sobre todo aquellas que suelen pasar desapercibidas.

Ser un goblin que ama la naturaleza no significa que tengas que vivir en el bosque y sólo comer plantas. Puedes ser un goblin amante de la naturaleza que vive en los suburbios, en la gran ciudad o en medio del desierto. La naturaleza se encuentra en todas partes, vayas donde vayas, y el cuidado de la naturaleza va más allá de los inaccesibles estilos de vida sin residuos. Planta un pequeño jardín de hierbas en el alféizar de la ventana utilizando envases de yogur vacíos. Esparce semillas de plantas aptas para las mariposas en las franjas de césped junto a la acera. Lleva la naturaleza a tu espacio recolectando rocas, hojas, flores y plumas que encuentres y luego expongas. Hay muchas maneras de invitar a la naturaleza a tu vida y de cuidarla siempre que puedas.

BUSCA LO QUE TE EMPODERA

La mentalidad de goblin anima a todo el mundo a elegir el estilo de vida que mejor se adapte a su felicidad y su comodidad continuas, no las opciones más aprobadas por la cultura dominante. Ser un goblin consiste en encontrar lo que te empodera y construir una vida en torno a eso. Gran parte de nuestra sociedad se basa en la actuación pública, pero la sociedad goblin es todo lo contrario. Los duendes celebran sentirse cómodos en su propio cuerpo y espacio. Celebran que se ignoren las actuaciones sociales inútiles en favor de la ropa, la decoración y los intereses que te hacen sentir como en casa.

En última instancia, ser un duende consiste en crear un pequeño hogar extraño y mugriento en un mundo que prefiere ignorar lo extraño y mugriento. A veces esto puede dar miedo, por lo que debes armarte de tus comodidades y pasiones personales para recordarte a ti mismo que te mereces un lugar tanto como cualquier otra persona. Encuentra las cosas que te hagan sentir poderoso y merecedor de un espacio y aférrate a ellas, utilízalas para decorar tu nido y luego compártelas con los demás para crear una red de goblins empoderados. Empodérate a ti mismo y a los demás para hacer que el espacio de los goblins en el mundo sea un poco más grande y un poco más acogedor.

CAPÍTULO 2

Voltea
las piedras

Cómo sintonizar con las partes
feas de la naturaleza

Hay mucha gente que siente que no quiere, o no necesita, relacionarse con la naturaleza. Nunca. En toda su vida. Puede deberse a que el lodo les parece demasiado sucio, los animales demasiado aterradores y los bichos sencillamente asquerosos. Sin embargo, es más probable que se deba a que hoy en día hay una gran desconexión entre las personas y la naturaleza. A la mayoría de nosotros nunca nos han enseñado a interactuar con la naturaleza..., ni siquiera a encontrarla.

La gente moderna vive en gran medida en áreas urbanas y suburbanas, y en esos lugares no parece necesario saber qué arbustos de bayas son seguros y cuáles son venenosos, o cómo saber si un animal está enfadado. Esto es justo y tiene sentido: ¿por qué aprender un montón de información que es probable que nunca necesites? Pero significa que cuando la gente tiene que interactuar con la naturaleza (como todos lo hacemos en algún momento, vivamos donde vivamos), lo hace con miedo, desconfianza e ignorancia. No ven la naturaleza como un lugar donde encontrar alegría y consuelo, sino más bien como algo a lo que temer.

¡Pero no tiene por qué ser así! La naturaleza nos rodea y puede ofrecernos mucho. Está demostrado que pasar tiempo en la naturaleza reduce el estrés y levanta el estado de ánimo, pero también nos ofrece un lugar para pensar y existir que no cuesta dinero y no espera nada de nosotros. Cada vez cuesta más dinero ir a cualquier sitio. Hay pocos lugares a los que podamos ir sin que nos obliguen a gastar dinero. Pero dar un paseo, ir a un parque e incluso estar al aire libre es gratis. Pasar el rato al aire libre es un acto radical de anticapitalismo (que es en parte la razón por la que los goblins lo practican).

Salir al exterior también nos ofrece la oportunidad de ser curiosos, de pensar en las relaciones entre los seres vivos, de mover el cuerpo de diferentes maneras, de ver de cerca cómo funciona el mundo. Puedes sentarte dentro de casa y leer un libro sobre hormigas, o salir y seguir a unas hormigas durante una hora para ver qué hacen y luego volver a tu libro sobre hormigas con otros ojos. Es mucho lo que podemos aprender sobre nuestro mundo si salimos al exterior, y entender nuestro mundo también puede ayudarnos a comprendernos mejor los unos a los otros.

Por supuesto, la naturaleza se presenta cada vez más como un recreo para gente rica, blanca y sana. No podemos hablar de la naturaleza sin hablar de la falta de acceso a ella, ya sea físico o sociológico, y del control general. Probablemente, la última persona a la que has visto escribir sobre una caminata ha sido un famoso blanco y delgado que ha subido corriendo esa «montaña» de tu región a la que siempre suben los famosos blancos y delgados.

La riqueza ofrece más acceso a espacios verdes, tanto cercanos como lejanos. Piensa en lo que pueden costar los apartamentos de Nueva York con vistas a Central Park. (Central Park, por cierto, se construyó en parte sobre un barrio negro llamado Seneca Village). Las personas ricas tienen zonas verdes justo delante de sus puertas, pero también pueden permitirse viajar y ver aún más naturaleza. La naturaleza debe ser buena para nosotros si los ricos la acaparan para ellos.

Y si tienes algún tipo de discapacidad o problemas de salud, no siempre te puede resultar accesible ir a un parque o disfrutar de la naturaleza. No suele haber caminos pavimentados en las rutas de senderismo, los baños públicos y los espacios de descanso no están bien mantenidos, y estar al aire libre en un gran parque o en una zona natural implica el riesgo de quedarse tirado. No siempre pensamos en la naturaleza como algo que deba ser accesible, pero por supuesto que debería serlo. Parece evidente que todo el mundo debería tener acceso al aire libre, pero tenemos que trabajar para que los espacios al aire libre sean accesibles, pero no suele ser así.

Entonces, ¿qué hacemos si la naturaleza es tan grandiosa pero también tan inaccesible? Bueno, obviamente la recuperamos. Al fin y al cabo, somos goblins. La naturaleza pertenece a la gente, y los goblins son para la gente. Haz acopio de toda tu fuerza y coraje de goblin y sal a pasear. Si puedes, visita un parque o alguna otra zona natural. ¡Acapara espacio! Haz tus propias fotos de Instagram. ¡Sé un agitador anticapitalista! Participa en el acto radical de salir a la calle y anima a tus amigos goblins a hacer lo mismo.

Si quieres saber más sobre la naturaleza y tus ecosistemas locales antes de salir al aire libre, a continuación te muestro algunas formas estupendas de ampliar tus conocimientos sobre la naturaleza:

- ¡La biblioteca! ¡Por supuesto! Todas las bibliotecas son espacios aptos para goblins, ya que son instituciones gratuitas dedicadas a servir a la comunidad y a compartir conocimientos.
- Infórmate sobre la organización que supervisa los parques públicos de tu zona: puedes visitar una oficina cercana o buscar en Internet. Seguro que tienen mucha información sobre los parques y ecosistemas locales.
- Visita las páginas web de los servicios locales, regionales y nacionales de pesca y vida silvestre. Son excelentes recursos para descubrir cosas sobre todo tipo de animales locales y sus hábitats.
- Visita tu huerto comunitario local. Si no hay un huerto comunitario cerca de tu casa, quizá puedas iniciar tú uno. Los huertos comunitarios suponen una estupenda manera de reunir a la gente en torno a espacios verdes y de practicar montones de habilidades útiles.

- Visita el jardín botánico más cercano y haz muchas preguntas. Los jardines botánicos son alucinantes, aunque por lo general se tenga que pagar entrada. Pero si te lo puedes permitir, es una manera estupenda de interactuar con la naturaleza en una ciudad, en un entorno controlado y educativo (léase: hay un montón de carteles que te explican a qué especies pertenecen las diferentes plantas y es más que probable no te ataque ningún animal salvaje).

Cuando visites cualquiera de estos lugares, ¡formula preguntas a los expertos! Formular preguntas a los expertos sobre su especialidad es, sinceramente, un placer para todo el mundo. Si te sientes demasiado ansioso por estar hablando con los jardineros o los guardas de los parques porque crees que les estás molestando, piensa que en realidad podrías estar alegrándoles el día.

La naturaleza está en todas partes

Considera: la naturaleza. ¿La estás considerando? ¿Qué imágenes te vienen a la mente? Probablemente árboles mecidos por la brisa, rocas que brillan en un arroyo de aguas transparentes, montañas nevadas que se tiñen de rosa bajo el Sol del atardecer; todo el esplendor habitual de los poetas estadounidenses Robert Frost y Walt Whitman y del naturalista escocés John Muir que hemos clasificado como Naturaleza con mayúsculas.

Este tipo de naturaleza es maravilloso, por supuesto. Por algo a los poetas les encanta escribir sobre la naturaleza. Sin embargo, no todo el mundo tiene acceso a la naturaleza salvaje, y aunque lo tengan, puede que su naturaleza salvaje no parezca en nada a esto. (Después de todo, hay siete biomas en el mundo).

Al capitalismo le encanta categorizar, así que no es de extrañar que la mayoría de la gente haya sido condicionada a ver la naturaleza a través de una lente tan estrecha. Pensamos en «animales salvajes» sólo cuando vemos osos pardos y muflones, no ardillas y ratas. Pensamos en la naturaleza sólo cuando estamos en la cima de una montaña, no cada vez que salimos a la calle. Es estupendo que haya lugares en el mundo que parezcan tan salvajes e indómitos como decían los poetas, pero pensemos que no somos personas que tienen un parque nacional detrás de casa. Supongamos que hemos vivido nuestra vida en algún entorno urbano o suburbano, y que lo más cerca que podemos estar de escalar una montaña es subir las escaleras en vez de utilizar el ascensor para llegar a nuestra oficina. ¿Cómo entramos en contacto con la naturaleza? ¿Dónde podemos encontrarla? Y lo más importante de todo: ¿es gratis?

Buenas noticias, aspirante a goblin. La naturaleza se encuentra por todas partes. Esto se debe al hecho, diez veces ignorado, de que vivimos en la Tierra, y la Tierra está hecha de naturaleza. Es naturaleza hasta el final. Mires donde mires, hay naturaleza. Pises donde pises, hay naturaleza. Mira por la ventana: ¿ves el cielo? ¿Las nubes en el cielo? ¿El Sol, la Luna o las estrellas? ¿Los pájaros, tal vez gorriones, estorninos o gansos? Todas estas cosas son naturaleza. Tú mismo eres naturaleza; estás hecho de naturaleza, dependes de la naturaleza para vivir, eres naturaleza y estás en la naturaleza, eres una parte importante del mundo natural. Si aprendes a mirar el mundo que te rodea con este punto de vista, te darás cuenta de que estás mucho más en contacto con el mundo natural de lo que creías. A continuación, te muestro un ejercicio para que practiques la visión de la naturaleza:

1. **Vístete y cruza la puerta de tu casa.** Asegúrate de que llevas algo cómodo y apropiado para el tiempo que hace, algo que te permita los movimientos.

2. **Sal a pasear, pero hazlo despacio.** Si vives en una ciudad con mucho tráfico, puede que tengas que quedarte en el borde de la acera para esquivar el paso de la gente. (Ten en cuenta que, aunque creas que en tu ciudad no se puede caminar despacio, es totalmente legal y otras personas lo hacen constantemente. Ten en cuenta también que estoy utilizando «caminar» como un término general, y si utilizas cualquier tipo de ayuda para la movilidad, puedes seguir participando en este ejercicio).

3. **Mira a tu alrededor.** Dedica un rato a mirar al cielo y otro a mirar al suelo. Detente o reduce la marcha cada vez que veas un árbol o un arbusto, y dedica unos segundos a pensar en qué se diferencia ese árbol del anterior. Date tiempo para reflexionar sobre lo que estás viendo en lugar de asimilarlo pasivamente.

4. **Presta atención a las plantas.** Si vives en una ciudad, fíjate en los árboles de las aceras, en las macetas de los balcones o en cualquier otra zona verde. Si vives en las afueras, puedes fijarte en las malas hierbas que crecen en el césped de alguien, en las hojas de un árbol que han caído sobre la acera o en el jardín de un vecino. Estés donde estés, lo más probable es que haya plantas cerca, aunque esas «plantas» no sean más que hierba. Obsérvalas con atención, haz fotos, tómate el tiempo necesario para averiguar qué es exactamente lo que estás viendo. Encuentra algo que te guste o te disguste de la planta. Toca la planta, mira cómo la notas en tu mano. Regálate un momento de interacción con la vegetación.

5. **Baja el ritmo por los animales.** Presta atención a bichos como hormigas y moscas: ¿a dónde van? ¿Sobre qué se han posado? Observa cómo un pájaro o una ardilla roban el panecillo que se le ha caído a alguien en la acera, o cómo la rata de las vías del metro esquiva los envoltorios de caramelos que han caído a la vía del tren. Piensa por qué los ciervos se comen la hierba de este jardín en vez de la del vecino. Estos animales pueden pa-

recer más mundanos o comunes que los leones, los tigres y los
osos, pero esto no significa que interactúen menos con el mundo. Tenemos la suerte de vivir en un mundo con todo tipo de animales.

> ¡Deja en paz a los malditos animales! No te acerques a ellos, aunque sólo sean ardillas o gaviotas. Deja a todos los animales salvajes su espacio. Admíralos desde lejos.

6. **Limítate a hacer fotografías (a menos que encuentres una roca chula).** No te lleves a casa pequeños animales ni partes importantes de sus ecosistemas locales, pero si ves una piedra o una hoja chula, cógela. (Comprueba antes que no sea ilegal llevarse rocas u hojas de la zona en la que te encuentres; algunos parques tienen leyes sobre llevarse cosas). Puedes prensar las hojas debajo de una pila de libros y así se conservan mejor, y puedes disponer las piedras en tu piso como objetos de decoración. ¡Eso sí, nunca te lleves más del 10 % de lo que encuentres!

7. **Toma notas.** Cuando hayas terminado tu paseo, toma algunas notas sobre lo que acabas de ver. Puedes tomar algunas notas rápidas sobre tus momentos favoritos o expandirte poéticamente sobre cómo el Sol iluminaba una tela de araña: no hay una forma incorrecta de registrar tus experiencias. Podrás recurrir a estas notas cuando te sientas distanciado de la naturaleza, y son un buen recordatorio de que la naturaleza nunca está tan lejos.

Lleva la naturaleza al hogar

¿Sabías que un «manuporte» es un objeto natural que sacas de su lugar de origen pero que, por lo demás, no lo alteras de ningún modo? Si coges una piedra cuando te encuentras en la naturaleza y la llevas a casa y la pones en tu estantería sin pulirla, pintarla ni decorarla, has creado un manuporte. Si encuentras un fragmento de cuarzo, una concha de un bivalvo o un fósil en tu jardín y lo envías a un amigo como regalo, has creado un manuporte (aunque tal vez tengas que limpiar la concha antes de enviarla para que tu amigo no reciba un regalo maloliente). Estos pequeños objetos naturales son fáciles de hacer, tanto que apenas requieren ningún tipo de esfuerzo. Así pues, ¿por qué son tan especiales?

Resulta que los manuportes existen desde que existe la humanidad, incluso desde antes de que se nos considerara estrictamente humanos. En muchos yacimientos arqueológicos se han encontrado pequeños objetos naturales hechos de minerales o de otros materiales que sólo se encontraban a muchos kilómetros de distancia, lo que significa que una persona de la antigüedad encontró una roca con forma de cara en algún lugar lejos de casa y se la llevó consigo. Dado que estas formas históricas suelen ser de algún modo bellas o llamativas, a veces se consideran una de las primeras formas de arte. ¿No es extraordinario pensar que, al seleccionar una piedra y regalársela a un amigo, se está participando en la forma de arte más antigua? ¿No es extraordinario pensar que hacer arte puede resultar tan sencillo como reconocer la belleza y compartirla con los demás?

LA NATURALEZA GOBLIN EN EL DESIERTO

<hr>

Sé qué estás pensando: «Esto de los goblins está muy bien, ¡pero yo vivo en el desierto! Las setas y el musgo son raros en mi bioma. ¿Puedo seguir siendo un goblin?». La respuesta es sí, cualquiera en cualquier bioma puede ser un goblin. Pero veamos por qué los biomas del desierto son especialmente propicios para el estilo de vida goblin.

🍄 En lugar de **setas**, busca **plantas suculentas.** ¿Buscas unos chiquitos raros que crezcan cerca del suelo, necesiten muy pocos cuidados y tengan una biodiversidad para volverse loco? No te preocupes, goblin del desierto, no necesitas setas para satisfacer estas necesidades: en el desierto las plantas suculentas son el sustituto perfecto para la seta favorita de todo el mundo. Las hay de todas las formas y tamaños, y son fáciles de cultivar en el interior, así que puedes mantenerlas en tu cubil de goblin.

🍄 En lugar de **musgo**, busca **flor de rocío.** Vale, el musgo también puede crecer en los desiertos (porque claro que puede), pero si te encuentras en un bioma desértico es mucho más probable que veas flor de rocío. Este pequeño arbusto crece en todas partes y, además, tiene unas flores amarillas muy bonitas. Al igual que el musgo, la flor de rocío es resistente y bonita de ver, pero también tiene muchos usos. Desde pegamento hasta medicamentos, pasando por barniz e incienso, hay pocas cosas que no se puedan hacer con la flor de rocío.

🐾 En lugar de **sapos,** busca **lagartijas.** ¿Por qué ir de baboso cuando puedes ir de escamoso? Hay tantas lagartijas chulas en el desierto que ni siquiera encontrarás a faltar las ranas y los sapos. Además, las lagartijas son como goblins. Su temperatura corporal es de locos, sus escamas son sorprendentes y son una extraña mezcla de cosas agradables y molestas. Es todo lo que un goblin puede pedir de un familiar.

> Recuerda: ¡no te acerques a los animales salvajes, aunque sean pequeños y delicados! Aprecia a tus lagartos desde lejos y ellos te lo agradecerán.

🐾 En lugar de **gusanos,** busca **escorpiones.** ¿Estás interesado en algún bichito extraño y serpenteante? ¿En una especie de garabato de otro mundo? ¿En un bichito raro que haría que la gente decente de todo el mundo se largara corriendo? Si no encuentras un gusano, espera oír hablar de los escorpiones. Los escorpiones son como si los gusanos se hubieran puesto una armadura y se volvieran muy malos, y eso nos encanta de ellos. Al igual que los gusanos, los escorpiones no son muy queridos, así que cumple con tu deber goblin y acoge a estos tipejos en tu corazón goblin.

No olvides mirar hacia abajo

¿Cuándo ha sido la última vez que has salido a la calle y te has pasado todo el rato mirando hacia arriba? Probablemente nunca, porque sería extraño –y francamente irresponsable– caminar mirando hacia arriba todo el rato. Te podría atropellar un coche o una bicicleta, o simplemente podrías molestar a otras personas que intentan caminar (lo cual no supone un peligro inmediato para la vida, pero es muy molesto). De todos modos, hay mucha gente que te dirá que mires más hacia arriba. Levanta la vista de tus zapatos, de tu teléfono móvil, de tu libro, y mira lo que pasa en el mundo.

Lo que estas personas no entienden es que hay tanto mundo viviendo sobre el suelo como en cualquier otro lugar. Éstas son sólo algunas de las muchísimas cosas que se pueden encontrar en el suelo: bichos (incluidos los superbichos geniales), tierra, musgo, raíces, grietas en las aceras, cosas que crecen en las grietas de las aceras, hongos, ratas y otros bichitos molones. Estos bichos que se mueven por el suelo son tan interesantes como los que se encuentran en el cielo. ¿Por qué no aceptarlo? Dedica más tiempo a mirar hacia abajo y explora así tu mundo. Veamos algunas de las cosas más interesantes que encontrarás cuando mires hacia abajo en lugar de hacia arriba.

BICHOS

Hablemos de bichos. ¿Qué pasa con esos bichitos? Seguro que has oído la estadística (totalmente falsa) de que la gente se traga ocho arañas al año mientras duerme o la estadística (igualmente falsa) de que nunca te encuentras a más de tres metros de una araña. A veces da la sensación de que la mayoría de los datos que conocemos sobre los bichos no son más que propaganda antibichos. ¡Pero los bichos no son los malos de la película! En realidad, son muy interesantes e importantes para sus ecosistemas. Son realmente diminutos, naturaleza a pequeña escala que vive en tu casa. Aquí tienes algunos bichos que todos los goblins deberían conocer.

POLILLAS. Ah, la polilla, la prima discreta y un poco más espeluznante de la mariposa. Quizá conozcas las polillas como pequeños bichos grises que se acercan obsesivamente a la luz, pero son mucho más que eso. He aquí algunas lecciones que podemos aprender de las polillas:

- **Permítete espacio para crecer.** Que siempre hayas sido una oruga no significa que siempre vayas a seguir siéndolo. Si quieres cambiar, crea espacio en tu vida para el cambio (aunque al principio sólo sea un pequeño espacio). Busca la tranquilidad, mira hacia tu interior y descubre quién quieres ser.
- **Busca la luz.** Puede que veas una polilla dándose golpes contra una farola y pienses: «Esto es embarazoso». Pero al menos esa polilla sabe lo que quiere. Encuentra lo que quieres, lo que te da alegría y te motiva, y ve a por ello. No dejes que nada se interponga en tu camino, porque mereces encontrar tu luz y quedarte en ella.

ARAÑAS. Las arañas tienen mala fama, lo cual es injusto porque forman parte integral de muchos ecosistemas diferentes. Éste es un espacio a favor de las arañas, y estamos aquí para apoyar y aprender más sobre nuestros pequeños amigos arácnidos. Éstas son algunas lecciones que puedes aprender de las arañas:

- **Crea un hogar que te guste.** La gente cree que las telarañas son asquerosas, pero en realidad esas pequeñas telarañas son hogares bellamente construidos. Sea cual sea tu espacio vital, busca la forma de que tu hogar parezca *tu* hogar, aunque sólo sea poniendo obras de arte que hayas hecho tú o teniendo a mano tu manta favorita. Tener un espacio en el que te sientas cómodo y seguro mejorará todos los demás aspectos de tu vida.

- **Contribuye a tu ecosistema.** Las arañas hacen mucho por nosotros y se lo agradecemos muy poco. Siempre están trabajando para deshacerse de las plagas y hacer del mundo un lugar mejor. La próxima vez que veas una araña, en lugar de asustarte, pregúntate qué podrías hacer para que tu comunidad fuera un lugar mejor y cómo podrías apañártelas para mejorar la vida de los que te rodean.

GUSANOS. Los gusanos son unos auténticos bichos raros y nos encanta que lo sean. Estos bichos raros y viscosos son los mejores amigos de los goblins porque sintetizan muy bien su estilo de vida. Esto es lo que los gusanos nos pueden enseñar:

- **El género es interpretable.** ¿Sabías que todos los gusanos de tierra son hermafroditas? Entienden qué significa tener una relación complicada con el género, pero también saben que nunca hay que tenerlo todo clarísimo. El género es algo interpretable y por lo tanto no ha de extrañar que algunas personas puedan sentirse incómodas en relación con un tema tan complejo.

- **No tengas miedo de ensuciarte.** Los gusanos se pasan la vida en la tierra, comiendo, haciendo caca y redistribuyendo nutrientes. El estilo de vida de los gusanos es un buen recordatorio de que a todos nos vendría bien pasar más tiempo en el lodo, tanto si eso significa literalmente salir más al exterior como aceptar las partes más desagradables de nosotros mismos. Todos somos un poco raros y un poco sucios, pero eso no significa que no merezcamos amor o espacio. Haz caso a los gusanos: ama el lodo en el que te encuentras.

MUSGO

El musgo es una simple plantita con unas características increíbles. El musgo puede absorber líquido hasta veinte veces su peso, necesita pocos cuidados para crecer (y prosperar) en casi cualquier ambiente y es excelente para purificar el aire de contaminantes. Lo ideal sería que todos tuviéramos un césped de musgo en lugar de hierba, pero como esto va un poco más allá del alcance de este libro, vamos a hablar de cómo hacer un jardín de musgo en miniatura.

El musgo es muy difícil de eliminar, e incluso puede rebrotar después de una deshidratación extrema, por lo que éste es un gran proyecto de jardinería para aquellos goblins que tienden a empezar con plantas en macetas y terminan con macetas de tierra. Este jardín de musgo se puede hacer casi totalmente con materiales que se pueden encontrar cerca de tu casa o de tu patio (aunque si no tienes un patio detrás de casa, es posible que tengas que comprar algunas cosas adicionales).

1. Decide qué tamaño deseas que tenga tu jardín de musgo. Puede ser tan pequeño como un bote de caramelos de menta o tan grande como un cubo. Para tu jardín de musgo puedes utilizar cualquier recipiente, desde una taza de té hasta un bol de ramen, pasando por la típica maceta. Elige el recipiente que mejor se adapte a tu espacio y que mejor te represente.

2. Si tu contenedor no tiene agujeros de drenaje en el fondo, pon una capa de gravilla u otros guijarros. Si quieres que quede mejor, puedes hacer agujeros en el fondo de tu recipiente, poner una capa de tela para jardinería y luego añadir gravilla, pero en general somos gente sencilla que nos conformamos con un poco de gravilla.

3. Añade unos dos o tres centímetros de tierra para macetas. Rocía la tierra con un poco de agua para que esté húmeda y compáctala para que no quede suelta. También puedes darle forma de crestas y valles para añadir profundidad a tu jardín de musgo.

4. Coloca el musgo. Sé cuidadoso, tómate tu tiempo y sé delicado con el musgo. Colócalo con cuidado en su recipiente, recórtalo de la forma que más te guste y, si lo prefieres, mezcla distintos musgos para conseguir interesantes combinaciones de colores y texturas. Puedes cubrir todo el sustrato o dejar parte al descubierto, recortar el musgo perfectamente siguiendo la forma de la maceta o dejar que cuelgue un poco. Se trata de tu jardín, así que asegúrate de que estás creando algo que te gusta.

5. Riega tu jardín. Siempre que plantes o trasplantes plantas, debes asegurarte de que tanto la planta como la tierra estén bien y mantengan la humedad. No ahogues el musgo con demasiada agua, pero asegúrate de que tanto el musgo como la tierra estén húmedos. Cuando termines de hacer el jardín, rocíalo con cierta frecuencia y riégalo dos veces por semana; de nuevo, no riegues en exceso, sólo debes asegurarte de que esté húmedo. Si no estás seguro de si la planta necesita agua, clava suavemente un dedo en la tierra. Si está seca, riégala; si por el contrario está húmeda, dale tiempo para que se seque.

6. **Decora el jardín.** Puedes colocar pequeñas rocas, flores secas, corteza de árbol, vidrio marino o incluso figuritas. Sé creativo con la decoración y pásatelo bien. Intenta crear un jardín de musgo en el que un goblin estaría encantado de vivir.

7. **Encuentra un lugar para tu jardín de musgo.** Cuando hayas terminado el jardín, colócalo en un lugar con luz solar indirecta. Si no dispones de la luz adecuada en tu habitación, puede que tengas que buscar una lámpara para plantas o colocar el jardín en el exterior.

8. **Admira tu jardín.** Tómate tu tiempo para apreciar lo que acabas de hacer. Piensa en cómo queda en tu habitación junto a las demás cosas. Piensa en lo que has hecho bien al hacer el jardín y en las decisiones que has tomado para conseguir un trocito de vegetación tan bonito. A los goblins les encanta admirar sus cosas, y un jardín de musgo en miniatura seguro que te dará mucho que admirar.

HAZ UNA IMPRESIÓN DE ESPORAS DE SETAS

Los científicos y los buscadores de setas llevan centenares de años utilizando impresiones de esporas para cultivar e identificar setas. Las impresiones de esporas son muy útiles para los entusiastas de las setas, pero también son muy estéticas y fáciles de hacer. A continuación, te ofrezco una guía rápida y sencilla para hacer tus propias impresiones de esporas en casa.

QUÉ NECESITAS

★ Una bolsa de papel (para guardar las setas si vas a buscarlas)

★ Guantes (para manipular las setas)

★ Seta madura con láminas (esas crestas delgadas que se encuentran debajo del sombrero que parecen tela plisada o las páginas de un libro), ya sea recogida de la naturaleza o comprada en la tienda

★ Papel

★ Un vaso o un tarro

CÓMO HACERLO

1. Puedes hacer este proyecto con setas compradas en el supermercado, pero si quieres recolectar las tuyas propias, busca las setas después de una lluvia intensa porque tendrás más suerte. Lleva una bolsa para recogerlas… ¡y ponte guantes!

2. Corta el pie de la seta lo más cerca posible del sombrero sin dañar las láminas.

3. Coloca el sombrero de la seta, con las láminas hacia abajo, sobre un trozo de papel No es necesario presionar la seta, basta con apoyarla ligeramente sobre el papel. Cubre la seta con un tarro o un vaso. Deja el recipiente en el sitio entre 12 y 24 horas.

4. Retira el recipiente y levanta suavemente el sombrero de la seta. Las esporas deberían haber caído y dejado sobre el papel una impresión de la parte inferior del sombrero de la seta.

5. Ya está, ¡ya has terminado! Ya tienes una sencilla y estupenda obra de arte goblin para decorar tu hogar goblin.

Los distintos tipos de setas tienen esporas de colores diferentes, y las setas más frescas o maduras permiten hacer impresiones de esporas más intensas que las setas demasiado jóvenes o demasiado viejas. ¡Experimenta con distintos tipos de setas para conseguir todo tipo de impresiones!

SETAS Y HONGOS

Literalmente hay millones de especies muy diferentes de hongos y, aunque no siempre se pueda ver, dependemos de varios tipos de hongos para casi todos los aspectos de la vida en la Tierra. Desde la fabricación de alimentos hasta la curación de enfermedades, no podríamos hacer mucho sin los hongos. Dado que los hongos son una categoría tan amplia, vamos a centrarnos más específicamente en la joya de la corona del mundo micológico: la seta.

Últimamente, las setas están viviendo un auténtico *boom*, lo cual es estupendo porque se lo merecen. La gente por fin ve en las setas como algo más que un organismo blandengue que puede llegar a suponer un peligro para la salud y aprecia la variada estética de estas extrañas plantas (aunque técnicamente los hongos son más animales que plantas). Quizá estés pensando «¡Pero si los demás me ven como un peligro para la salud! ¿Por qué no ven el encanto de mi estética de goblin?». Es una pregunta equitativa, ya que los goblins y las setas tienen mucho en común: ambos son extraños, sucios, imposibles de eliminar, etc. Tiene sentido que aprendamos unos de otros, y los goblins pueden tomar prestado lo que les gusta de las setas. Así que a continuación tienes una guía para modernizar tu aspecto y acercarte más a la extraña belleza de las setas.

Sigue una estética difícil de definir. Del mismo modo que las palabras «seta» y «hongo» se utilizan para describir una gran variedad de extraños organismos que no son ni plantas ni animales, tu estética también debería ser amplia y compleja. No te estés preocupado por identificarte sólo como una «chica planta», una «puta del arte» o un «payaso de circo de los viejos tiempos»; en lugar de intentar plasmar tu estilo en términos sencillos, deja que sea expansivo. Toma prestado por igual de los góticos y de los estudiantes pijos, y luego añade el toque del *brillibrilli* del pop facilón de la década de los noventa. No te preocupes demasiado por que los demás entiendan tu estilo, simplemente haz lo que te venga en gana.

Ponte un poco raro. Las setas son bien conocidas como psicodélicas, así que ¿por qué no aceptar lo raro en tu estilo personal? Si quieres combinar colores que normalmente no combinan, llevar muchos corsés o teñirte el pelo de verde moco, nadie te lo impide. Explora todos tus excéntricos impulsos de estilo, déjate llevar por tus gustos más extraños. Es probable que lo que encuentres cuando explores las partes más extrañas de tu estilo acabe pareciéndote más cómodo y personal que cualquier otra cosa que hayas probado antes.

La decadencia existe como forma de estilo. Las setas se alimentan de cosas viejas, usadas y que empiezan a estropearse, así que ¿por qué no ibas a hacer tú lo mismo? Anímate a ahorrar y participa en el ciclo de vida natural de la ropa. Al igual que las setas ayudan a los árboles caídos a convertirse en sustrato, tú puedes ayudar a que un par de pantalones de pana olvidados se conviertan en prendas estilosas. Tanto si empiezas a visitar tiendas de segunda mano para crear tu fondo de armario ideal como si decides transformar y poner al día un puñado de vestidos de segunda mano para que te queden mejor, hay muchas formas de convertir una prenda que ya existe en algo nuevo.

Florece en la oscuridad. La mayor parte del ciclo vital de las setas transcurre bajo tierra, donde el organismo se toma su tiempo para crecer y prepararse antes de salir al mundo. Si te interesa probar un nuevo estilo pero no te atreves a lucirlo en público, puedes dedicar tiempo a perfeccionarlo en la comodidad de tu propio espacio. Aceptar tu privacidad no significa que te avergüences de ti mismo, sino que te das tiempo para sentirte cómodo con nuevas partes de tu identidad sin presiones añadidas. Date el espacio que necesitas para entender quién eres lejos de la mirada de la gente. Más adelante, al igual que una seta, podrás salir del lodo y presumir de tu nuevo aspecto.

Haz todo lo que puedas. Si miras fotos de tres tipos distintos de setas, es probable que veas tres organismos de aspecto alienígena que aparentemente no tienen nada que ver el uno con el otro. Las setas de ostra o gírgolas parecen conchas marinas que crecen sobre los troncos de los árboles, las colmenillas parecen un ejército de termitas trasladado al hueso de un melocotón y las setas de haya crecen todas en un puño de diminutos sombreros. Todas estas setas van a por todas, a toda máquina, sin restricciones. *No* están dispuestas a sacrificar su aspecto para ser más fáciles de clasificar o menos raras, y tú tampoco deberías hacerlo. Si te gusta algo, póntelo. Si quieres tener un aspecto determinado, tenlo. ¿Por qué hacer poco cuando puedes hacer mucho?

> *Hacer todo lo que puedas* significa comprometerte plenamente con tu estilo. Si tu estética personal es discreta, no tienes por qué llevar colores llamativos, sólo tienes que aceptar más los neutros o lo que sea que te haga sentir bien.

La naturaleza es extraña y milagrosa y está en todas partes; en este aspecto se parece mucho a los goblins. Si empiezas a pensar en el mundo natural como en un amigo, un compañero goblin fiel que a veces necesita espacio pero que siempre está pendiente de ti, de repente el mundo te parece mucho más amigable. Las plantas y los bichos que antes podrían haberte parecido distantes o extraños, de repente te resultan familiares y acogedores cuando te das cuenta de que todos formamos parte de la naturaleza. ¡Hazte amigo de la tierra! Observa cómo se arrastran los escarabajos y haz fotos de tus amigos los hongos. Al fin y al cabo, todos ellos también son goblins.

CAPÍTULO 3

La ropa
goblin

Encuentra y confecciona
la ropa cómoda de tus sueños

Básicamente, todo el mundo tiene una relación extraña con la ropa. Pero ¿y si en lugar de llevar ropa que te haga sentir hiperconsciente de lo que la sociedad espera de tu cuerpo llevaras ropa que te hiciera sentir cómodo y feliz? ¿Tal vez incluso ropa que te hiciera sentir bien, o al menos neutral, sobre tu aspecto? ¡Sí, es posible!

Como los goblins se basan en la comodidad, enfatizando el estilo personal y buscando el empoderamiento, vestir con estilo goblin significa llevar ropa que te siente bien sin preocuparte por las tendencias, encontrar prendas que te hagan sentir realmente cómodo y asegurarte de que, te pongas lo que te pongas, tu ropa te haga sentir feliz. Puede que este capítulo no cure tu ansiedad por la ropa, pero espero que te haga sentir más empoderado a la hora de buscar prendas que te hagan sentir bien. Reconsideremos lo que significa ser elegante, sostenible y cómodo cuando se trata de nuestra ropa.

Reconsidera tu relación con la ropa

Cuando compras ropa, ¿con qué frecuencia tienes en cuenta la sensación que produce el tejido en tu cuerpo? ¿Cada vez que te pruebas algo o sólo cuando compras ropa para moverte? ¿Qué aspecto tendría tu armario si prestaras más atención a cómo te sientan las prendas en lugar de a cómo te quedan? Ve ahora a tu armario y pruébate tus tres prendas más elegantes (a la vez o por separado, como quieras). Con las prendas puestas, estírate un poco, siéntate, haz algunos de tus movimientos cotidianos, pero presta especial atención al tacto del tejido sobre tu cuerpo. ¿Alguna de las prendas tiene una cremallera que te molesta? ¿Te va justa? ¿El tejido pica? ¿Los bolsillos están en lugares adecuados? ¿Hay suficientes bolsillos?

Después de haber hecho este pequeño ejercicio con tu ropa más guay, inténtalo de nuevo con tus prendas más cómodas. A nivel de sensación, ¿qué diferencias notas entre tu ropa favorita y tu ropa más cómoda? ¿Cuándo sueles ponerte tu ropa más cómoda: para estar por casa o para salir a hacer recados? ¿Cómo te sientes con la ropa íntima: apretado, comprimido, te roza o te sostiene? ¿Cómo te hace sentir tu cuerpo?

Este ejercicio no pretende que te deshagas de tus prendas más elegantes, sino que reconsideres lo que significa sentirte bien con tu ropa. Si tu definición de sentirse bien empieza y termina con tener buen aspecto, muy bien, pero quizá podría ampliarse esta definición para dejar más espacio a tu comodidad física. Si tu definición de sentirse bien no te parece apropiada para salir de casa, reflexiona sobre quién ha establecido las normas sobre qué significa estar presentable y plantéate con qué frecuencia estás realmente de acuerdo con el concepto de presentable. ¿Cómo te vestirías si pudieras ponerte lo que quisieras, cuando quisieras, y no tuvieras que preocuparte por qué dirán los demás? Probablemente te sentirías mucho más cómodo y tu ropa sería mucho más divertida. La moda es complicada, pero la ropa se crea para protegernos a nosotros y a nuestros cuerpos del mundo. Si tu ropa te protege, está cumpliendo su función.

Ponte algo más cómodo

Los goblins valoran la ropa por su comodidad, su durabilidad, su sostenibilidad y su protección por encima de cómo su vestimenta se ajusta a cualquier estilo que esté de moda en ese momento. Esto no significa que no puedas vestir bien, sino que es una oportunidad para replantearte qué significa para ti vestir bien. ¿Por qué llevar algo que no te sienta bien y que no se ajusta a tu estilo personal cuando puedes expresarte y sentirte bien? Confía en tu sentido de la moda, aunque lo que te gusta llevar se salga de la norma. Prioriza tener una experiencia positiva con tu ropa y tu cuerpo vistiendo prendas que te hagan sentir relajado y sin ataduras.

La ropa goblin tiende a ser atemporal y muy cómoda, más que a la moda e incómoda. Algunas personas pueden asociar este estilo con dejadez o sentir que no es profesional o presentable. Pero ¿por qué relacionamos la comodidad con la falta de estilo y de atractivo? ¿De verdad no es más atractivo estar a gusto? En esencia, vestir cómodamente significa llevar ropa que no te provoque dolor ni te moleste. Pero vestir cómodamente también significa llevar ropa que te haga sentir relajado y en la que no tengas que estar pensando cada dos por tres porque motivo tienes que ajustártela, te molesta o no te gusta cómo te queda. La ropa cómoda es la que te relaja y te permite seguir con tu día a día sin ansiedad añadida. La ropa de moda tiende a hacer lo contrario, ya que se trata de adaptarte a un estilo, en lugar de encontrar un estilo que se adapte a ti.

Se supone que nuestra ropa debe servirnos a lo largo del día, pero a menudo acabamos vistiéndonos para servir a los demás y no a nosotros mismos. Démosle la vuelta a esa idea y empecemos a vestirnos para nosotros mismos. Busca ropa que te haga sentir seguro de ti mismo y conviértela en una forma de cuidado personal. Puede llegar a ser agobiante replantearte tu relación con la ropa, pero recuerda que puedes empezar por pequeños cambios. Este ejercicio te ayudará a ir más despacio mientras te vistes y a considerar realmente lo que quieres ponerte en el cuerpo. Utiliza este ejercicio para conectar con tu cuerpo y escucharte a ti mismo y a tu particular sentido del estilo.

1. Busca tu ropa más cómoda y extiéndela por la habitación. (Recuerda que *cómoda* significa ropa que te siente bien en el cuerpo y te relaje; puede ser un pijama, un pantalón de chándal o unos pocos vestidos que te queden bien).

2. Dedica unos instantes a pasar la mano por encima de la ropa, sintiendo la textura y el grosor de los tejidos. Piensa en lo que te gusta de esas texturas y cómo te sientan en el cuerpo. Piensa en cuándo eliges llevar estas prendas.

3. Cierra los ojos e intenta concentrarte en cómo te sientes hoy. ¿Tienes frío? ¿Tienes calor? ¿Estás cansado? ¿Te duele algo? Tómate tu tiempo para conectar con lo que siente tu cuerpo. Tal vez incluso puedas hacer una meditación de escaneo corporal (es fácil encontrar estas meditaciones en Internet si necesitas una guía).

4. Cuando te sientas más en contacto con tu cuerpo, piensa en lo que pueden ofrecerte las distintas prendas que llevas hoy. Quizá te has levantado sudoroso y quieres ponerte una camiseta, o en tu habitación hace frío y quieres ponerte un panta-

lón de chándal. Tal vez te duela la espalda y sabes que llevar unas zapatillas cómodas todo el día te ayudará. Tómate un minuto para pensar en lo que necesita tu cuerpo y decidir qué prendas te pueden ir mejor hoy.

5. Vístete con la ropa que hayas elegido, pero no te fuerces a mirarte al espejo si no quieres. No es necesario que dediques tiempo a inspeccionar tu ropa y tu cuerpo antes de empezar el día. Recuérdate a ti mismo que hoy no te has vestido para nadie más y que, francamente, no importa cómo te vean los demás. Lo verdaderamente importante es que te sientas bien.

6. Si te miras en el espejo y tienes pensamientos negativos, cierra los ojos e intenta conectar con lo que siente tu cuerpo. Piensa en cómo la vestimenta que has elegido está ayudando a tu cuerpo hoy y considera lo bien que te sientes vistiéndote para ti y para tu propia comodidad. Intenta otra meditación si lo consideras necesario. Te mereces tomarte tiempo para sentirte cómodo con tu ropa.

7. Si después de practicar el paso 6 sigues sintiéndote incómodo con tu vestimenta, no dudes en cambiarte de ropa. Puede que la ropa que has elegido no funcione por alguna razón, y no pasa nada. No siempre lo conseguimos a la primera. No estás siendo vencido si no puedes encontrar comodidad en una determinada vestimenta, estás siendo considerado contigo mismo y consciente de tus necesidades.

8. Guarda a lo largo del día otra camiseta u otra sudadera (u otra prenda cómoda) cerca de ti por si quieres cambiarte. Nuestros cuerpos nunca se sienten igual durante todo el día, así que es bueno poder adaptarse cuando lo necesites.

9. Cuando termine el día, tómate un momento para pensar en cómo te has sentido con esa ropa tan cómoda. Siéntete agradecido contigo mismo por dar prioridad a tu comodidad. Da las gracias a tu pijama que te ofrezca otra comodidad una vez que te cambies de vestimenta. Recuerda que hoy has hecho algo amable por ti mismo, y eso es una gran parte de ser un goblin.

Espero que después de este ejercicio te sientas un poco más conectado con tu vestimenta y, lo que es más importante, con tu cuerpo. Puede dar miedo dedicar tiempo a conectar con tu cuerpo y a veces encuentras cosas que has estado tratando de ignorar. Pero si tratas bien a tu cuerpo y te envuelves en comodidad, puede que encuentres un tipo de paz que no esperabas. Deja que tu ropa sea algo que aumente tu paz y no algo que te distraiga. Los goblins tienen demasiadas cosas que hacer como para preocuparse por etiquetas que rascan o zapatos que aprietan. Dedica unos instantes a escuchar al suave animal de tu cuerpo (reconocimiento a «Gansos salvajes» de Mary Oliver) cada mañana y tendrás más tiempo a lo largo del día para centrarte en divertidas tareas de goblin, como buscar comida en la tierra, buscar tesoros en la tierra o simplemente sentarte en el suelo.

VESTIRSE DE MANERA ACOGEDORA EN LUGARES CÁLIDOS

Normalmente, la palabra «acogedor» se asocia con calor, pero ¿qué haces si eres un goblin que quiere vestirse de forma acogedora en un lugar donde siempre hace calor? Si es pleno verano o vives en un clima cálido, es más que probable que no quieras arroparte para estar cómodo. Por suerte, los goblins saben que la comodidad consiste más en sentirse bien con la ropa que en llevar mantas peludas y jerséis de cuello alto. He aquí algunas formas de vestirse de manera acogedora para los goblins de los lugares más cálidos.

🍄 **Sentirse cómodo es ponerse cómodo.** El primer paso para sentirse cómodo es ponerse cómodo, y eso significa elegir prendas que te sienten bien. Piensa en cómo te sienta la ropa. Puede que unos pantalones cortos de tela vaquera te sienten bien porque te mantienen fresco, pero siempre te aprietan y te coprimen cuando te los pones. La próxima vez que vayas de compras, busca *shorts* o faldas elásticos (¡o incluso puedes confeccionártelos tú mismo!). Date espacio para pensar qué es lo que realmente le sienta bien a tu cuerpo y busca ese tipo de ropa.

🍄 **Encontrar tejidos.** Tejidos como el lino, el algodón y la seda son ideales para climas cálidos, porque transpiran bien y pueden ser finos sin ser delicados. Además, son suaves y agradables de llevar. Por supuesto, no siempre es posible diseñar el armario en torno a determinados tejidos, pero si tienes en cuenta qué telas te sientan mejor a ti en el clima en el que vives, puedes dar prioridad a encontrarlas en el futuro.

🍄 **Buenos zapatos, apuesta segura.** Llevar el calzado adecuado es importante independientemente del clima, pero en los lugares soleados donde se calzan sandalias o se va descalzo a menudo, es importante recordar que un buen par de zapatos puede marcar una gran diferencia en tu vida. Puede resultar complicado encontrar un par de zapatos que no den demasiado calor, pero que a la vez ofrezcan una sujeción adecuada. Si no puedes permitirte un calzado caro, al menos puedes comprobar que los zapatos que compres te queden bien y se adapten bien a los pies, y encontrar unas buenas plantillas es una forma barata pero eficaz de hacer que tus zapatos te sienten mejor.

🍄 **Proteger la piel.** Esto no tiene que ver directamente con la ropa, pero si vives en un lugar soleado, ¡no olvides ponerte siempre protección solar! Una capa de protector solar es el accesorio goblin perfecto para cualquier vestimenta pensada para días muy calurosos.

> Si eres alérgico a los protectores solares químicos (o simplemente no te gustan), existen protectores solares minerales y vegetales que funcionan igual de bien.

Los accesorios son los mejores amigos de un goblin

Si te gusta el desorden, te encantarán los accesorios; literalmente, son desorden divertido que puedes llevar contigo a todas partes. Lleva tus pequeños tesoros favoritos colgados del cuello o sujetados en la solapa y será como si te llevaras un trocito de hogar a todas partes. Es como si nunca tuvieras que salir de casa.

Los accesorios son ideales para mostrar al mundo quién eres y qué te gusta. Joyas, broches, parches, gomas para el pelo, cinturones…; todo esto permite que pequeños fragmentos de tu personalidad se asomen a través de tu ropa. Por supuesto, un goblin es mucho más que la ropa que lleva puesta, pero está bien que tu vestimenta refleje al menos algunas partes de ti.

Los accesorios también pueden permitirte sentirte visto en nuevos entornos o sentirte cómodo en ambientes desconocidos. Aunque no sean muy grandes, joyas, pañuelos y baratijas pueden aportar una comodidad sorprendente. Tal vez tengas un brazalete con colgantes caseros que te recuerdan a cada uno de tus amigos o un anillo heredado que es perfecto para juguetear con él. Accesorios como éstos pueden hacer que te sientas mejor si empiezas a sentir ansiedad, o que te conectes a tierra cuando te sientas desconectado. A continuación, te muestro algunos accesorios divertidos (y fáciles) que puedes confeccionar para llevar contigo tus objetos favoritos allá donde vayas.

- **Ponle un pin.** Con imperdibles y una pistola de cola caliente, puedes hacer pines con casi cualquier cosa. Tapones de botella, ojos bailones, piedrecitas, premios de una máquina expendedora... Utiliza pegamento caliente para fijar un imperdible a la parte posterior de cualquier objeto pequeño y tendrás un pin cargado de significado.

- **Simplemente añádele un collar.** ¿Sabías que puedes enhebrar literalmente cualquier cosa en una cadena o en un cordón y tendrás un collar nuevo y chulo para ponerte? Si encuentras una vieja llave maestra en una tienda de antigüedades, o te encuentras con una *hagstone* o piedra bruja (una piedra con un agujero natural) junto al río, o tienes un viejo anillo que ya no te cabe en los dedos, puedes poner todos estos objetos en una cadenita y... ¡*boom*! Un collar de inmediato.

- **¿Flores? ¿Como accesorio? Revolucionario.** La gente sólo suele llevar flores en fiestas de graduación, bodas y otras ocasiones de etiqueta, pero ¿por qué no llevarlas todos los días? Hazte una trenza con trébol en el pelo, llena el bolsillo delantero de tu peto con ramitas de lavanda, ponte una amapola en la solapa o llena tu bolso con un ramo de flores silvestres. No hay mejor accesorio que una flor fresca. (Si las flores no son de temporada, una flor de seda o de papel también puede hacer su función).

- **Pon parches.** Hacer tus propios parches es muy fácil y, por lo general, también muy sostenible. Utiliza retales de tela que tengas por ahí o corta la ropa que ya no te guste y utiliza esa tela para hacer tus propios parches. Puedes cortar los retales con formas divertidas o dibujar sobre ellos con rotuladores para tela. Incluso puedes cortar una patata por la mitad, dejarla secar y tallar un dibujo en ella para hacer tu propio sello, que te permitirá imprimir el mismo dibujo en un montón de retales de tela. ¡Ahora tú y tus amigos tendréis unos parches sostenibles idénticos!

HAZ UN COLGANTE

Los accesorios hechos en casa son un elemento
básico de las ropas elegantes de los goblins, y
los colgantes son tan dignos de un goblin como
un accesorio hecho en casa puede llegar a serlo.
Comienza a construir tu colección de accesorios de
goblin confeccionando este colgante.

QUÉ NECESITAS

★ Cualquier elemento que quieras poner en tu frasco:
  musgo, tierra, guijarros, bichos muertos, pétalos de
  flores, cristales, brillantina, etc.
★ Un frasquito de vidrio con tapón de corcho
★ Un alambre
★ Alicates de punta fina o pinzas (o si tus frasquitos son
  especialmente pequeños, puedes utilizar un palillo)
★ Pegamento transparente
★ Cadena, cordón o hilo
★ Una anilla o un llavero (opcional)

CÓMO HACERLO

1. En primer lugar, elige qué artículo(s) te gustaría poner en tu frasquito. Purpurina, musgo, tierra, rocas…, ¡tú decides!

2. Atraviesa el tapón de corcho por el centro con uno de los extremos del alambre. Dobla el alambre en la base del tapón para que quede fijado en el corcho y haz con el alambre un pequeño círculo por encima del tapón de modo que quede un ojal por el que pueda pasar la cadena. Corta el alambre sobrante.

3. Con unos alicates de punta fina, llena el frasquito con los objetos que hayas elegido. No te preocupes por que los objetos queden perfectos, porque va a ser casi imposible colocarlo todo perfectamente dentro de un frasquito del tamaño de tu dedo meñique. Recuerda que los frasquitos suelen estar un poco desordenados. Nadie ordena cuidadosamente la mermelada.

4. Aplica pegamento en el borde de la mitad inferior del tapón de corcho. Asegúrate de que llega a todos los sitios en los que el corcho tocará la boca del frasquito para que el tapón quede bien sujeto. Introduce el tapón en la boca del frasquito.

5. Cuando el pegamento esté seco, pasa la cadena del collar por el ojal del tapón. (También puedes fijar una anilla o un llavero en el ojal y hacer pasar la cadena por allí).

6. ¡Ya está! Ya tienes un bonito accesorio goblin perfecto para llevar encima tus pequeños tesoros.

Consejos para comprar en tiendas de segunda mano

Buscar ropa puede acabar siendo frustrante: quieres algo bien hecho pero asequible, algo que te quede bien pero que no sea terrible para el medioambiente. Las tiendas de segunda mano pueden ofrecer una respuesta a muchos de estos problemas, incluso a un precio asequible. Cuando compras en estas tiendas de segunda mano, estás haciendo un gran favor al medioambiente. La industria de la moda produce toneladas de residuos, por lo que optar por comprar ropa que ya ha sido usada y deseada es una gran manera de contrarrestar ese desperdicio. Cuando compras o donas ropa a una tienda de segunda mano, le estás dando una nueva vida: en lugar de acabar en un vertedero, la ropa que compras en una tienda de segunda mano acaba en tu armario. Literalmente es reciclaje, pero de moda.

Además de ser supersostenibles, las tiendas de segunda mano también están llenas de ropa buena y barata. Como todo lo que hay en una tienda de segunda mano se ha utilizado antes (a menudo, muchas veces), es probable que la ropa sea duradera. Como todo el mundo puede dar ropa a una tienda de segunda mano, también hay una gran variedad de estilos (y, con suerte, también de tallas). Obviamente, en la tienda de segunda mano no encontrarás todo lo que buscas cada vez que vayas, pero si amplías tus expectativas y mantienes la mente abierta, te sorprenderás gratamente con lo que encuentres. Cuanto mejor se te dé comprar en tiendas de segunda mano, más probabilidades tendrás de encontrar algo que te guste. A continuación, te doy algunos consejos para mejorar tu técnica.

Vende o da antes de comprar. Antes de ir a la tienda, haz una revisión rápida de tu armario y saca algunas prendas que no te pongas a menudo. Llévatelas a la tienda de segunda mano para venderlas o darlas, y empezarás tu nuevo viaje con menos cosas en el armario y quizás un poco de dinero extra. Algunas tiendas de segunda mano también te dan vales por donar, ¡así que no hay razón para no intentarlo!

Márcate objetivos antes de ir. Las tiendas de segunda mano son el tipo de lugares que pueden absorberte fácilmente durante horas y, aunque la mayoría de las cosas que allí se venden son baratas, es posible que acabes saliendo cuatro horas después habiendo gastado cien euros en cristales de colores o en marcos de cerámica para retratos. A veces resulta divertido perder un día en una tienda de segunda mano, pero si tienes una misión, es buena idea fijarse algunos objetivos antes de salir de casa. Puedes marcarte un presupuesto máximo, hacer una lista de la ropa que necesitas, limitarte a unas pocas secciones de la tienda por visita o programar una alarma para que sólo puedas estar en la tienda una hora. Utiliza el límite al que mejor responda tu cerebro.

Vístete adecuadamente para comprar en las tiendas de segunda mano. No todas estas tiendas tienen vestuarios, así que es buena idea vestirse con ropa que puedas ponerte fácilmente por encima. Llevar *leggings* o pantalones cortos de ciclista con una camiseta ajustada te facilitará mucho la tarea de probarte lo que encuentres en cuanto veas algo que te guste, independientemente de que haya o no un probador.

Para comprobar si unos pantalones te quedan bien antes de probártelo, sujétalos por una costura lateral sobre el ombligo y la otra en la espalda. Si una costura lateral toca el ombligo y la otra la columna vertebral, los pantalones deberían quedarte bien. Este truco también funciona con faldas y vestidos.

Inspecciona la calidad y el estado de la ropa que encuentres.
Cuando encuentres una prenda que te guste, revísala para comprobar que no tenga manchas, agujeros, zonas desgastadas o cualquier otro defecto que pueda resultar molesto. Dale la vuelta a la ropa para comprobar si está desgastada y palpa el tejido para saber si rasca demasiado o hace bolitas. (Las bolitas son los pequeños grumos de hilo y pelusa que se acumulan con el tiempo en el tejido). Dedica también un minuto a mirar las etiquetas. Las etiquetas te informan sobre los tejidos, las marcas y el lugar de fabricación de la ropa, lo cual es una excelente información. Como todos los goblins saben, las tiendas de segunda mano suelen vender artículos bonitos a un buen precio. Comprobar la etiqueta puede garantizarte que estás comprando ropa que te durará mucho tiempo, además de asegurarte que has encontrado un buen tesoro. Tómate el tiempo necesario para revisar la ropa que has elegido. Es fácil comprar más de la cuenta, sobre todo en las tiendas de segunda mano, donde puedes llevarte un montón de prendas por unos pocos euros. Cada vez que acumules más de cinco prendas, detente y revísalas. Pregúntate si el tejido es tan suave como quieres que sea, si la prenda te queda bien. Piensa en qué prendas que ya tienes te quedarían bien con las nuevas o en cuáles se parecen demasiado. ¿Te gusta este vestido porque es de tu estilo o porque sólo cuesta tres euros? ¿De verdad te ves llevando estas botas? Tomarte un tiempo para reevaluar tus compras es una buena manera de asegurarte de que te encantará tu armario.

Si puedes, trata de dejar las prendas que no te vas a quedar de una forma que no cause más problemas al personal.

Ten en cuenta cuándo comprar. Es mejor comprar entre semana que en fin de semana. Si te gusta mucho comprar de segunda mano, puedes preguntar a los empleados qué días de la semana sacan nuevos artículos y acudir a la tienda esos días. También es buena idea comprar fuera de temporada en las tiendas de segunda mano. Esto significa comprar chaquetas de invierno en verano y vestidos de verano en los meses más fríos. Es mucho más probable que encuentres una buena oferta cuando buscas ropa fuera de temporada. A diferencia de las tiendas normales, que suelen rotar sus existencias según la temporada, las tiendas de segunda mano suelen tener ropa de todas las temporadas durante todo el año. Esto es genial para aquellos goblins a los que les gusta pensar anticipadamente y encontrar buenas ofertas, o para aquellos goblins que siempre pasan calor en invierno o frío en verano.

Con estos consejos, cualquier goblin debería poder entrar en una tienda de segunda mano con confianza y salir con algunas prendas básicas de fondo de armario. Las tiendas de segunda mano son como la búsqueda de un tesoro y, aunque tengas que ir varias veces para encontrar lo que buscas, te alegrarás de haber invertido tiempo en ello. Conseguir ropa cómoda y bien hecha a un precio módico es una sensación estupenda, y es bueno tanto para tu bolsillo como para el medioambiente. Todos los goblins merecen tener ropa que les sirva bien y que les quede bien. Las tiendas de segunda mano son un maravilloso lugar para cualquiera que quiera renovar su armario.

GUÍA DEL GOBLIN DECADENTE PARA IR DE TIENDAS DE SEGUNDA MANO

◇

Escucha, hay goblins de todo tipo. Algunos quieren saber cuál es la forma más rápida de entrar y salir de una tienda de segunda mano, mientras que otros prefieren pasarse un día entero recorriendo todos los pasillos, examinando todas las prendas y rebuscando en todos los contenedores. Si eres el tipo de goblin que quiere darse un lujo en un día de compras de segunda mano, también tengo algunos consejos para ti.

🍄 **Prepara tu agenda.** No vayas a la tienda de segunda mano un día que sólo tengas una hora libre. Dedícate un día entero a pasear y mirar cada pequeña cosa. Haz que ir a comprar de segunda mano sea una forma lujosa de cuidado personal y reserva un tiempo para ello. Aunque sólo busques una o dos cosas, dedicar tiempo a mirar te hará sentir mucho mejor que una búsqueda desesperada de treinta minutos. Comprar de segunda mano puede ser difícil, así que tómate tu tiempo.

🍄 **Míralo todo.** Quizá hayas entrado buscando unos pantalones y ni siquiera tenías pensado echar un vistazo a la sección de menaje del hogar. ¿Por qué limitarte? Siéntate en todas las sillas, aunque no estés buscando sillas. Pasa dos veces por el pasillo de las camisetas de hombre, mira los vestidos de gala, dedica tiempo a ver la cristalería. Si estás buscando un tesoro, es muy probable que lo encuentres en lugares insospechados.

Date un capricho. Si te sobran algunos euros, destínalos a lo imprevisto. Reserva cinco euros cada vez que vayas a la tienda de segunda mano para gastarlos en algo que no estuvieras buscando cuando has entrado. Así tendrás cierto margen de maniobra si encuentras algo realmente bonito, pero evitarás gastar más de la cuenta. No deja de ser un capricho, aunque sea pequeño.

Cambia tu rutina. Si siempre compras camisas en la sección de mujer, prueba a pasar un rato mirando las camisas de hombre. (De todas formas, la ropa de género es una idea falsa). Si siempre empiezas por la sección de jerséis, prueba a mirar primero en la de americanas. Visita la tienda en distintos días de la semana y a distintas horas para encontrar el momento que más te guste. Prueba de entrar con una lista si sueles ir sin ella, o al revés. Cambiar tu rutina te ayudará a descubrir qué te va mejor a ti y a tu particular cerebro de goblin.

Ve con un amigo. Todo es mejor con un amigo, y el ir de compras no es una excepción. Con dos pares de ojos mirando la tienda es mucho más probable que consigas grandes tesoros de goblin, y tienes a alguien que te da su opinión sobre tus posibles compras para que no tengas que tomar tú todas las decisiones. Además, es agradable compartir momentos con los amigos. Comprar juntos es una estupenda manera de hacer vida social y, al mismo tiempo, tachar cosas de la lista de tareas pendientes.

Organiza un intercambio de ropa para goblins

Puede que tú y tus amigos andéis escasos de dinero pero sobrados de ropa que ya no os ponéis. Si no te gusta ir de tiendas de segunda mano o no puedes ir por cualquier motivo, acerca la tienda de segunda mano a ti organizando un intercambio de ropa con algunos amigos. Un intercambio de ropa es como una fiesta en la que todo el mundo trae ropa que iba a dar y luego compráis gratis de los armarios de los demás. Puedes organizar un intercambio con un grupo grande de gente o con unos pocos amigos. Es una estupenda manera de conseguir ropa nueva que quizá no hubieras comprado por tu cuenta, y a los goblins les encanta encontrar tesoros nuevos e interesantes.

Los intercambios de ropa son agradables para los goblins por muchos motivos. En primer lugar, puedes hacer amigos y crear una comunidad. ¿Qué es un goblin sin una comunidad de otros goblins? ¿Por qué ser un goblin solitario cuando puedes formar parte de todo un ejército goblin dedicado a difundir la buena palabra de goblin? Los intercambios de ropa también son super sostenibles. En lugar de comprar ropa nueva, compras ropa de segunda mano, lo que es mucho mejor para el medioambiente. En los intercambios de ropa también es más probable encontrar grandes tesoros y hacer hallazgos geniales que en una tienda de segunda mano normal, ya que puedes confeccionar tu propia lista de invitados y posiblemente tengas una idea de lo que les gusta llevar a tus amigos. Lo mejor de todo es que los intercambios de ropa no implican gastar dinero. ¡Eso sí que es anticapitalismo, chaval!

Los intercambios de ropa no son más difíciles de organizar que una comida al aire libre, pero a continuación te doy algunos consejos que harán que tus amigos se lo pasen en grande en tu intercambio de ropa (que sin duda pronto se convertirá en una tradición muy celebrada).

Invita a un grupo diverso de amigos. Si tienes un amigo que prefiere hacer toda su ropa a ganchillo y otro que ha sido un gótico radical durante los últimos diez años, te divertirás mucho más –y encontrarás muchos más tesoros– en un intercambio de ropa que si todos tus amigos tienen los mismos gustos. No querrás estar mirando la ropa de tus amigos y pensar «yo tengo esa misma camiseta» cinco o diez veces seguidas. Imagínate la de ropa, zapatos y complementos chulos que encontrarás si invitas a tus amigos artistas *y* a tus amigos emo *y* a tus amigos granola. Eso sí que suena a fiesta goblin.

Planifica el intercambio de ropa como si fuera una fiesta. ¡Diviértete con el intercambio! Quizá todos tus amigos puedan traer algo para picar, o podrías diseñar tus propias invitaciones, hacer una *playlist* especial o decorar tu espacio con guirnaldas de papel y globos u otro tipo de decoración barata y sencilla. Haz que tu intercambio parezca un acontecimiento especial y seguro que todo el mundo se lo pasa en grande. Si tus amigos se dan cuenta de que te has puesto mucho empeño en el intercambio, seguro que se esforzarán más en lo que traen. Se consigue lo que se pone, así que ¿por qué no planificar la manera de pasar una tarde realmente divertida con los amigos?

Piensa en la inclusión. Será un fastidio si invitas a cinco amigas que llevan la misma talla y a una que no. Evidentemente, los grupos de amigos abarcan todas las formas y tallas, así que nadie va a encajar perfectamente en la ropa de los demás, pero es bueno pensar a quién invitas y qué les pides que lleven antes de enviar las invitaciones. Si en tu grupo de amigos todos tienen la misma talla con una sola excepción (parece poco probable, pero técnicamente no es imposible), siempre puedes organizar un intercambio de joyas y accesorios para asegurarte de que todo el mundo se sienta incluido. Ser un buen goblin significa ser considerado, especialmente a tus amigos.

Organiza los detalles con antelación. Para asegurarte de que todo el mundo se lo pasa en grande en tu intercambio de ropa goblin, intenta ser considerado y específico con los detalles. En lugar de decir a tus amigos que traigan la ropa que iban a tirar, asegúrate de especificar que la ropa que traigan debe estar en buen estado y (a ser posible) que sea bonita o interesante. Asegúrate también de decidir cuántas prendas debe traer cada uno. Si una persona se presenta con treinta prendas y otra con dos, el ambiente del intercambio va a ser extraño. Dile a todo el mundo que traiga cinco prendas, o entre cinco y diez. Elige un número o una horquilla que te parezca razonable y alcanzable.

Piensa en un tema. Por supuesto, siempre puedes organizar un intercambio general de ropa. Pero ¿no es todo mejor si está relacionado con un tema? El tema puede ser una prenda de ropa específica, como pedir a los invitados que sólo traigan vestidos, sombreros o camisetas estampadas. También puedes elegir como tema los tonos tierra, los colores brillantes o incluso el goblincore, y ver qué tipo de ropa han abandonado tus amigos en sus armarios que está a punto de convertirse en tu nueva vestimenta básica. Por supuesto, a veces puede resultar complicado encontrar ropa que encaje con un tema específico, así que, si vas por este camino, es buena idea ceñirse a algo un poco vago o algo que tus invitados puedan interpretar a su manera. También puedes establecer un límite bajo en la cantidad de ropa que los invitados deben traer o consultar un tema con tus amigos para encontrar un tema con el que todos estén de acuerdo. Recuerda que a los goblins les encanta la comunidad y trabajar juntos.

Arregla, zurce y reutiliza

Si pretendes renovar tu ropa, mejorar tu sostenibilidad y realzar tu estilo personal, te encantará aprender a arreglar, zurcir y reutilizar. Estas técnicas harán que tus prendas duren más, te queden mejor e incluso se vean más bonitas.

Ser capaz de reparar tu ropa cuando se desgasta te permitirá no sólo conservar y seguir llevando prendas estupendas de las que de otro modo te habrías deshecho, sino también incorporar un toque personal a tu ropa.

La habilidad necesaria para coser un parche en una chaqueta o volver a coser un botón en una camisa, o incluso zurcir un pequeño agujero, es relativamente mínima. Con un poco de práctica, incluso alguien que nunca haya cogido una aguja de coser podría aprender los fundamentos. Pero, aunque lo básico sea… básico, puede marcar una gran diferencia en tu vida. Saber coser y remendar te permitirá tener un armario más sostenible. También te hará la vida más fácil: si pierdes un botón de tu chaqueta favorita, no tienes que preocuparte de a quién pedir que te lo cosa, si debes dejar la chaqueta sin el botón, si debes regalar la chaqueta, etcétera. En vez de ello, puedes sacar aguja e hilo y volver a coser el botón en cuestión de minutos. Piensa en el tiempo, la energía y el estrés que has ahorrado con dos sencillas herramientas.

Remendar tu propia ropa también deja mucho margen para la personalización y la reutilización. Tal vez te hayas comprado una vieja chaqueta vaquera y quieres cubrirla de parches, o quieres cambiar todos los botones marrones de una rebeca por otros de color verde. Tal vez tengas alguna prenda que podría quedarte un poco mejor. Aprender las nociones básicas de costura te permitirá ser más creativo con tu ropa y conocer mejor tu estilo personal. Ahora sólo estás aprendiendo a zurcir un calcetín, pero con el tiempo podrías estar confeccionando tu propia ropa. Pero no nos adelantemos: hay que empezar por lo básico.

ENHEBRA UNA AGUJA

Empecemos por el principio, porque este libro es para goblins de todos los niveles. Antes de empezar a coser, tendrás que enhebrar una aguja, lo cual no es demasiado complicado, pero merece la pena un tutorial rápido. Si tienes problemas de motricidad fina o de vista, puede serte útil utilizar un enhebrador de agujas para facilitarte la tarea. Los enhebradores de agujas son fáciles de encontrar en tiendas de manualidades o grandes superficies y suelen venir con paquetes de agujas.

1. Pasa un extremo del hilo por el ojo de la aguja. Es mejor enhebrar la aguja mientras el hilo está todavía en la bobina en lugar de cortar un trozo y enhebrar desde el extremo cortado, ya que así se mantiene el grano de hilo en la dirección correcta. El hilo está hecho de fibras retorcidas, y enhebrar a contrahilo significa trabajar en contra de esa torsión, lo que puede dificultar el enhebrado de la aguja y hacer más probable que el hilo se enmarañe.

¡Mucha gente te dirá que chupes el hilo para que pase más fácilmente por el ojo de la aguja, pero en realidad es un mal consejo! Mojar el hilo hará que se expanda cuando se seque, y se debilitará y se enganchará en el resto del hilo mientras coses. En vez de ello, corta el hilo de forma ligeramente angulada para tener una punta con la que enhebrar.

2. Desenrolla aproximadamente dos veces y media más hilo del que crees que necesitas. Desplaza la aguja a lo largo del hilo hasta llegar aproximadamente a medio camino entre el extremo cortado y la bobina.

3. Ata los extremos del hilo con un nudo simple: alinea el extremo del hilo con la bobina, de modo que tengas un bucle de hilo en una mano y el extremo y la bobina en la otra. Dobla el bucle hacia la otra mano, lo que

creará un nuevo bucle utilizando los dos hilos paralelos. Pasa tu bucle inicial a través del nuevo bucle y tira fuerte para hacer un nudo.

4. Acabas de enhebrar una aguja. ¡Enhorabuena! (Ya puedes cortar el hilo).

COSE UN BOTÓN

Coser un botón es una habilidad de costura sencilla pero increíblemente útil, y supone un buen punto de partida. Si eres el tipo de persona que se estresa por las implicaciones de ese botón de más que viene con la mayoría de las prendas compradas en la tienda, este tutorial es para ti. Vamos a aprender a coser un botón de dos agujeros, pero en esencia todos los botones se pueden coser siguiendo este mismo enfoque.

1. Elige el color del botón y del hilo. Si quieres que el botón y el hilo combinen con lo que ya tienes en la ropa, hazlo. Si has perdido un botón negro pequeño y quieres sustituirlo por uno verde grande, hazlo también.

2. Enhebra la aguja, pero para que el hilo quede más grueso y seguro, dobla el hilo por la mitad *antes* de pasarlo por la aguja. Para ello, es posible que necesites una aguja con el ojo un poco más grande. Pasa los dos extremos del hilo por el ojo de la aguja y tira de ella hasta la mitad. Dobla el hilo y ata los dos extremos doblados entre sí. Así se crea un hilo cuádruple, que ayudará a que el botón quede mejor sujeto.

3. Encuentra el lugar de la prenda donde estaba el botón. Atraviesa con la aguja la prenda desde el interior hacia el exterior en un ángulo de 90 grados, y tira de la aguja hasta que el nudo del extremo del hilo toque la tela.

4. Pasa la aguja por uno de los agujeros del botón. Sujeta el botón en la prenda justo donde quieres que quede y pasa la aguja por el otro orificio del botón atravesando el tejido de la prenda. Asegúrate de tensar bien el hilo.

5. Continúa pasando la aguja hacia arriba a través de la tela y el primer agujero y hacia abajo a través del segundo agujero y la tela. Repite este proceso unas tres veces, o hasta que notes que el botón está bien sujeto.

6. Afloja ligeramente el botón para que se separe un poco de la tela. Sube la aguja desde la parte interior de la tela hasta la exterior, entre la tela y el botón (no la pases por ninguno de los agujeros). Enrolla el hilo alrededor de las puntadas unas diez veces para crear un pie de botón. Esto evita que tu botón quede demasiado apretado contra la tela para que se pase fácilmente por el ojal.

7. Atraviesa la tela con la aguja por última vez. Haz un nudo en el hilo. Asegúrate de que el nudo queda lo más cerca posible de la tela. Corta el hilo cerca del nudo que acabas de hacer y... ¡ya está!

DOBLADILLOS SENCILLOS

El dobladillo es una forma sencilla de acortar una prenda. Por ejemplo, si tienes una falda que te llega por debajo de la rodilla en vez de por encima, puedes hacerle un dobladillo para que te quede a la altura que te gustaría. Los dobladillos son estupendos porque te permiten ajustar las prendas o cambiar ligeramente el estilo. Es fácil y puede ayudarte a convertir rápidamente la ropa que te gusta en ropa que te encanta, manteniendo así más prendas en rotación.

En este tutorial aprenderás sólo lo básico del dobladillo, pero no te va a resultar difícil encontrar guías más detalladas en los libros de costura o en Internet si quieres implicarte más. Además, para simplificar, este tutorial trata sobre el dobladillo de una falda o un vestido, aunque este método también puede aplicarse fácilmente a pantalones o camisas amplias. (En el caso de unos pantalones, basta con imaginar dos faldas).

1. Pruébate la falda o el vestido delante de un espejo para saber qué largo quieres que tenga la falda. Sujeta la falda con alfileres a la longitud deseada. Asegúrate de clavar los alfileres en perpendicular al dobladillo. No quieras correr en este paso: tómate tu tiempo para encontrar el largo que mejor te quede.

2. Quítate la prenda y sigue sujetando la tela con alfileres a la longitud deseada a lo largo de toda la circunferencia de la falda, doblando la tela sobrante hacia el interior de la prenda. Puedes volver a ponerte la prenda para comprobar si está nivelada, medir la anchura de la tela sobrante que estás sujetando con alfileres o comparar tu falda con otra falda que tenga la longitud que buscas. Los alfileres suelen clavarse cada 15 cm aproximadamente, pero utiliza tantos como necesites. Hay muchas formas de conseguir la longitud buscada y de asegurarse de que el dobladillo sea uniforme. Cuanto más igualado sea tu dobladillo, más pulcra se verá tu prenda terminada.

3. Deja los alfileres en la falda y plancha la prenda alrededor del dobladillo que has hecho para que quede un pliegue en la tela allí donde quieres que quede el nuevo dobladillo. Si utilizas alfileres con cabeza de plástico, ten cuidado de no planchar las cabezas, ya que podrían derretirse y estropearían la prenda.

4. Si vas a acortar mucho la falda, tendrás que recortar la tela sobrante. Haz una marca unos 5 o 6 cm por debajo del pliegue y corta la tela sobrante. Por supuesto, sencillamente podrías cortar la prenda a la longitud deseada y ponértela así, pero el dobladillo garantiza que tu ropa dure más, ya que hace que el tejido sea más fuerte y resistente a deshilacharse y desgastarse.

5. Enhebra tu aguja (utiliza lo explicado en el apartado «Enhebra una aguja») con unos 60 cm de hilo, idealmente de un color que combine con tu prenda. Hay muchas puntadas diferentes para hacer un dobladillo, pero aquí te enseñaré la puntada recta, ya que es bastante sencilla.

6. Clava la aguja en la prenda desde el interior, atravesando las dos capas de tejido, entre 1,25 y 2,5 cm por encima del pliegue.

7. Desplaza la aguja aproximadamente medio centímetro hacia la derecha y clávala de nuevo en la prenda desde el exterior, atravesando ambas capas de tejido. Repite este proceso de ir atravesando ambas capas de la prenda hasta que tus puntadas hayan recorrido toda la longitud de la prenda. Para un acabado más pulcro, asegúrate de que todas las puntadas tengan la misma longitud y mantengan la misma distancia con respecto al dobladillo.

8. Cuando hayas cosido toda la falda, haz un nudo al hilo y ¡listo! Este proceso también se puede utilizar para arreglar un dobladillo que necesite arreglarse si no quieres hacer un dobladillo totalmente nuevo. Y, una vez más, hay muchas puntadas diferentes que puedes utilizar para hacerlo, algunas de las cuales se ven menos. Prueba unas cuantas y descubre cuál te parece la más adecuada.

COSE UN PARCHE

Tanto si te has hecho un agujero en tus vaqueros favoritos como si quieres adornar una chaqueta o un bolso dándole con un toque personal, saber coser un parche es una gran habilidad goblin. Los parches pueden hacer que tu ropa siga haciendo su función aunque tenga algún agujero y te permiten añadir un poco de tu estilo personal a un remiendo. Coser parches es muy fácil, y los parches son fáciles de encontrar. Si quieres parches más baratos, en las tiendas de segunda mano encontrarás parches por menos de uno o dos euros, o puedes fabricarte el tuyo propio cortando la ropa que ya no te pones. Los parches pueden resultar algo caros si quieres muchos, y hacerte tus propios parches a partir de trozos de tela que ya no te pones es una manera de ahorrar dinero y ropa. (¡Prueba a pintarlos con pintura para tela antes de coserlos!).

1. Elige un parche y piensa dónde quieres que vaya. Si vas a añadir un parche por motivos puramente decorativos, tómate tu tiempo para elegir el lugar donde crees que quedará mejor. Si en cambio vas a poner un parche para remendar algo, asegúrate de que tenga el tamaño y la forma adecuados para cubrir por completo la zona afectada.

2. Una vez elegido el lugar, utiliza un trocito de cinta adhesiva de doble cara o unos alfileres para sujetar el parche mientras lo coses.

Si tienes un parche termoadhesivo, igualmente tendrás que coserlo a la prenda. No dudes en plancharlo para mantener el parche en su sitio mientras lo coses, pero coser el parche hará que sea mucho menos probable que se caiga.

3. Enhebra la aguja.
4. Atraviesa con la aguja el borde del parche desde el interior de la prenda hasta el exterior. Tira del hilo hasta que el nudo del extremo del hilo quede contra la tela.

5. Vuelve a clavar la aguja en la prenda atravesando sólo el tejido de la prenda. Esta vez no quieres que la aguja atraviese el parche, pero procura mantener la aguja tan cerca como puedas para que tus puntadas sean pequeñas.

6. Desplaza la aguja unos 5 cm y vuelve atravesar la tela y el borde del parche, y luego la tela cerca al parche. Repite este proceso hasta haber cosido todo el parche.

7. Cuando hayas terminado, haz un nudo en el hilo para mantener todo en su sitio. ¡Y ya está!

Más ideas para reutilizar

Estos consejos y tutoriales de costura te ayudarán a empezar a poner al día tu ropa vieja, pero, por supuesto, hay muchas cosas que un goblin creativo puede hacer con su ropa vieja y algo de material para manualidades. La reutilización creativa es una forma divertida de hacer que tu ropa parezca más nueva y personal sin gastar dinero en un armario nuevo. La vida goblin consiste en replantearse lo que tienes ante tus ojos y los goblins de todos los niveles encontrarán un gran proyecto entre estas ideas.

Para los goblins que cuidan el detalle. Prueba con el bordado. El bordado es una forma bonita y económica de añadir encanto a cualquier prenda. Puedes bordar algo sencillo, como unos poquitos corazones o unas flores, o si dominas el bordado podrías cubrir toda una camisa con preciosos diseños. El bordado es una maravillosa habilidad para aquellos goblins a los que les gusta extrapolar la enorme belleza de las cosas pequeñas.

Para los goblins que encuentran la belleza en el desorden. Prueba con el zurcido a la vista. Se trata de una técnica en la que eliges llamar la atención sobre los lugares en los que has tapado agujeros o manchas de tus prendas. Elige un hilo de un color distinto al de tu prenda y dibuja una forma sencilla sobre la zona que quieres remendar, como un corazón o una hoja. Utiliza puntadas largas y verticales para cubrir la forma, luego gira la aguja 90 grados y zurce por encima de estas puntadas. Tendrás un bonito recuerdo de la historia de tu prenda y de tu habilidad con la aguja y el hilo.

Para los goblins que no creen en los errores. Prueba a pintar. Emplear pintura para tela es una forma divertida y sencilla de modernizar tu ropa y añadir divertidos toques de color. Pinta los bolsillos traseros de todos tus vaqueros, decora tus propias bolsas o haz camisetas para todos tus amigos goblins. Si te equivocas pintando, siempre puedes pintar encima (y, como todo goblin sabe, los errores no existen). Tanto si te gustan los pequeños detalles como los grandes dibujos, pintar una prenda es una forma genial de que un goblin se exprese y haga de su ropa algo divertido y personal.

Para los goblins a los que les gusta cambiar de forma. Prueba a readaptar. Si tienes una prenda que ya no puedes salvar, piensa para qué otra función podría servirte. Un vestido viejo y apolillado puede que ya no sirva como vestido, pero puedes cortarlo y convertirlo en paños de cocina o trapos de limpieza. Unos vaqueros con demasiados agujeros pueden cortarse y utilizarse para remendar otras prendas. Con un poco de trabajo, una camiseta manchada puede convertirse en una bolsa. O puedes arrancar la blonda de una falda vieja y utilizarla en un nuevo proyecto de costura. Cuando veas una prenda que ha sobrevivido a su uso como prenda de vestir, sé creativo y piensa qué otros usos podría tener. Vivimos en una sociedad de un solo uso, pero la mayoría de las cosas que tenemos pueden reutilizarse. Lucha contra la mentalidad capitalista y reimagina qué significa reciclar.

Para los goblins que saben exactamente lo que quieren. Prueba a dar una nueva forma. Si tienes un vestido demasiado largo o una camisa demasiado holgada, saca el hilo y la aguja (o la máquina de coser) y haz que la ropa te quede exactamente como quieres. Es increíble cómo cambiar el dobladillo o el escote de una prenda puede hacer que parezca completamente nueva. En lugar de invertir en un nuevo armario, prueba a meter o sacar los faldones de una camisa que nunca te pones. Dar una nueva forma requiere un poco más de habilidad para la costura, pero para los goblins a los que les encanta coser o para los goblins que están aprendiendo a coser, pero no tienen la experiencia suficiente para confeccionar su propia ropa, se trata de un gran proyecto.

Para los goblins a los que les encantan los botones. ¡Prueba con los botones! Considéralo una autorización para volverte loco con los botones de tu ropa. Cubre de botones un jersey, utiliza un botón diferente para cada ojal de una rebeca, pon botones novedosos en una camisa almidonada. Cuantos más botones, mejor. Cuanto más divertidos sean los botones, mejor. Si te chiflan los botones, ¿por qué no aceptarlo? (Además, ¿no nos gustan a todos los botones? Un mundo con más botones es un mundo mejor. Gracias por vuestro servicio, goblins amantes de los botones).

Para los goblins a los que les gusta llevar su arte en la manga. Intenta confeccionar tus propios parches. Puede ser tan sencillo como cortar una prenda vieja de colores en trozos y utilizarlos para remendar tu ropa, o puedes ir un poco más allá y utilizar un rotulador permanente o un sello y pintura para tela para imprimir un diseño en algunos trozos de tela y emplearlos como parches. Es una manera estupenda de llevar tu propio arte por todo el cuerpo, como si fueran tatuajes de tela. Incluso puedes hacer parches para tus amigos, para que todos puedan presumir de su orgullo goblin. Establecer una buena relación con tu ropa es un trabajo de toda una vida, pero espero que ahora tengas algunas herramientas para empezar tu camino. Nadie se define por su ropa, pero es bueno sentirte tú mismo cuando te vistes. En lugar de dar prioridad a cómo se sienten los demás con tu ropa, piensa en cómo te está sentando a ti, qué pueden ofrecerte las distintas prendas y cuál es la mejor forma de mostrar cada día tu estilo único y maravilloso. Dedicar tiempo a tu ropa es dedicarte tiempo a ti mismo, ¡y te mereces dedicarte mucho tiempo a ti mismo!

HAZ UN PARCHE DE SETA CON AGUJA DE FIELTRO

Ahora que ya eres un experto en remendar tu propia ropa, ¿por qué no te diviertes un poco? Sigue este tutorial para aprender a utilizar una aguja especial y fibra para hilar para remendar agujeros en jerséis de lana (o en cualquier prenda de lana) de forma segura y bonita. Este tutorial combina dos cosas que les encantan a los goblins: las setas y la autosuficiencia.

QUÉ NECESITAS

★ Lana para hilar de dos colores, uno para el sombrero y otro para las manchas (es una lana que no se ha hilado)

★ Una almohadilla de fieltro, un trozo de espuma blanda o una esponja normal con un trozo de fieltro encima

★ Aguja para fieltro (se diferencia de las agujas de coser porque tiene púas o muescas en el extremo que hacen que la lana se fieltre)

CÓMO HACERLO

1. Elige qué color de lana te gustaría utilizar para el sombrero de la seta.

2. Corta un trozo de lana del color que hayas elegido que sea aproximadamente el doble del tamaño del agujero, haz una bola con la lana y ponla sobre el agujero por la parte exterior del jersey. Coloca la espuma por dentro del jersey en la parte interior del agujero.

3. Pincha la lana con la aguja varias veces hasta que notes que la textura de la lana se vuelve dura y estés seguro de que la lana está fijada al jersey. Añade más lana si lo crees necesario. Para que quede redondo, pasa ligeramente la aguja alrededor de la lana mientras vas pinchando para darle forma y recoger los hilos sueltos.

4. Coge el segundo color de lana y corta unos trocitos de aproximadamente el doble del tamaño que quieras que tengan las manchas de las setas. Haz con cada trocito una bola laxa.

5. De uno en uno, coloca los puntos sobre el sombrero y clávalos con la aguja. Asegúrate de colocar los puntos en la parte exterior del jersey. Dale forma redondeada de la misma forma que has hecho en el gorro.

6. Cuando los puntos estén bien fieltrados al gorro, ¡ya está! Ya tienes un poco más de glamur goblin.

CAPÍTULO 4

Decora
tu cubil

Cómo hacer que tu hogar sea
más acogedor para los goblins

Si quieres convertir una casa en un hogar goblin, has llegado al lugar adecuado. Tanto si vives en un estudio, en una habitación de estudiantes, en una casa o en una pequeña cabaña que has construido en medio del bosque, hay muchas maneras de darle un toque goblin a tu hogar. (Aunque si ya vives en una cabaña en medio del bosque, probablemente no necesites consejos sobre cómo llevar una vida goblin). Todo lo que necesitas es pensar un poco en cómo quieres que te haga sentir tu espacio.

Vivas donde vivas, querrás sentirte seguro y acogido. Pero ¿qué es lo que realmente te hace sentir seguro y acogido? Intenta identificar aquellas zonas de tu casa o de tu piso en las que te sientes mejor. Puede que te sientas muy orgulloso de la galería de dibujos de bichos que has dispuesto encima de tu escritorio o que te encante ducharte para ver los tallos de eucalipto que has colgado de la alcachofa de la ducha. No hace falta que sea una zona muy grande, pero seguro que hay algún lugar en tu cubil en el que prefieres pasar el rato. Empieza a tomar más conciencia de estos lugares y empezarás a darle sentido a qué es lo que hace que te gusten tanto.

Cuando tengas una idea más clara de cómo quieres que te haga sentir tu hábitat, puedes empezar a introducir estos elementos en otras partes de tu hogar. ¡Llena tu casa de adornos con bichos! ¡Pon plantas en todos los rincones! Éste es tu espacio, y aunque sólo llegue hasta la puerta de tu habitación, es sólo para ti y debería hacerte sentir como tú quieras. Este capítulo te dará muchas ideas sobre cómo conseguir la guarida goblin perfecta, es decir, el lugar perfecto para ti. Desde la decoración hasta la limpieza, pasando por incorporar olores y sonidos a tu vida cotidiana, aquí encontrarás un montón de consejos sobre cómo goblinificar tu espacio vital.

¿Desorden? Lo acepto sin dudarlo

Algunas personas oyen la palabra «desorden» y quieren salir corriendo hacia otro lado. Pero los goblins saben que todo montón de desorden tiene un centro cálido, oscuro y acogedor. No hay lugar más cómodo que justo en medio de todas las cosas que más quieres. La decoración del hogar goblin consiste en exponer tus cosas, hacer que tu espacio sea lo más acogedor posible y dar cabida a tu personalidad. Adornar tu guarida no significa esconder tus gustos detrás de almohadas socialmente aceptables y decorar de forma que impresiones a los demás; significa exponer tus gustos, todos ellos, todo el tiempo, aunque sean un poco raros, macabros o cursis. ¿Qué te va a hacer sentir mejor que estar rodeado de las cosas que más te gustan y que tanto te ha costado seleccionar? Repasemos algunos de los pasos básicos para crear un nido goblin ideal.

Si tienes algo, presume de ello. ¿Cuántos objetos chulos tienes escondidos en cajas y cajones? Seguramente muchos. Puede que pienses que el mundo no está preparado para ver tu colección de calaveras de mapache, pero preparar tu espacio no consiste en decidir para qué está o no está preparado el mundo. Pon toda tu cerámica retorcida de aficionado junto a tu televisor. Ensarta conchas marinas y cristales de playa con hilo de pescar y cuélgalo cerca de una ventana. Llena tarros con cuentas, hojas o dados de veinte caras, y disponlos por todo el espacio. Pensar en formas divertidas e ingeniosas de mostrar tus objetos favoritos es una manera estupenda de decorar tu cubil. Mostrar tus tesoros favoritos es un recordatorio constante de que las cosas que te gustan merecen ser vistas y admiradas.

Ponte cómodo. A estas alturas ya te habrás dado cuenta de que ser un goblin conlleva mucha comodidad. Ningún lugar queda a salvo de la necesidad de los goblins de hacer todas las superficies agradables, cómodas y accesibles, y tu espacio no es ninguna excepción. Hacer que tu nido resulte acogedor puede significar encontrar, hacer o comprar mantas y almohadas para disponerlas por todas partes. También puede significar tener siempre una sudadera con capucha en la zona donde te gusta pasar el rato, por si tienes frío. Crear un espacio acogedor será diferente para cada persona, pero por lo general dará la sensación de que el espacio te da la bienvenida con un abrazo en lugar de apresurarte a salir por la puerta.

Sé tú mismo. Tu cubil es tuyo y no tienes por qué decorarlo de forma que guste a todo el mundo. No tiene sentido hacer que tu rincón del mundo funcione mejor para los demás que para ti. Obviamente, si compartes el espacio con otras personas, es importante respetar sus normas y gustos. Pero cualquier espacio que puedas reclamar como propio es seguro para adaptarlo a tu gusto personal. ¿A quién debe reflejar tu espacio? ¿A los gustos de tu *influencer* favorito, que nunca verá tu habitación, o a ti, que pasas tiempo en ella? No adaptes tu cubil a las expectativas de los demás; disfruta a tu manera y déjate sorprender. Deja que tu personalidad se exprese en tu espacio.

Qué coleccionar cuando eres coleccionista

Hay pocas cosas más satisfactorias que tener un espacio lleno de cosas que te gustan. Coleccionar objetos y tesoros especiales es un elemento esencial de la cultura goblin, porque es una forma estupenda de conservar físicamente recuerdos, intereses y gustos, e incluso de mostrar esas cosas a otras personas. Estar rodeado de objetos que te gustan puede ayudarte a recordar quién eres y quién quieres ser. Las colecciones goblin no son materialismo por materialismo, sino una selección reflexiva y decidida de objetos bellos y significativos. Por supuesto, la belleza y el significado dependen de cada persona. Puede que tengas un cajón lleno de cisnes de papel hechos con sobrecitos de azúcar o que tengas flores secas colgadas por todas las paredes. Las cosas que coleccionas no tienen por qué coincidir con una idea tradicional de belleza, sólo tienen que ser bellas para ti. Tu colección tampoco tiene por qué costarte dinero, sólo tiene que parecerte valiosa.

Reunir una colección goblin es una buena ocasión para replantearse por completo la idea de valor. Puede que el montón de listas antiguas de la compra que guardas en tu escritorio no valga nada, pero puede que te alegre mirarlas y recordar lo que significan para ti. Una caja llena de tarjetas de cumpleaños desgastadas no necesita tener un gran valor de reventa para ser importante para ti. No es malo que te importen tus cosas: que te encante el montón de exoesqueletos de escarabajo que has ido acumulando no te convierte en una persona superficial o materialista. Es lógico que te importen mucho esas cosas que llevas años pensando, cuidando y coleccionando. Puede que otras personas no valoren de la misma manera tus conchas, pero eso no sig-

nifica que no tengan ningún valor. El valor que das a tus objetos importa. La forma en que cuidas tus cosas es importante.

Exponer tus colecciones es una forma genial de decorar tu casa, mostrar las cosas que te gustan y hacer que tu espacio se vea más personal. Mostrar tus colecciones también puede ser una manera genial de crear comunidad. Si compartes tus colecciones con tus amigos, tanto en la vida real como en Internet, les estás hablando de tus gustos, valores e intereses. Al mostrar a la gente las cosas que te importan, das pie a que te conozcan mejor. Tal vez te encante viajar y coleccionas piedras bonitas de todos los lugares que visitas, de modo que no sólo tienes una colección de piedras bonitas, sino que además cada una de ellas está vinculada a un recuerdo y una experiencia importantes. Tal vez te gustan mucho los cuervos y en tu habitación tienes un jarrón lleno de plumas de cuervo que has encontrado en el suelo como recordatorio de que tu animal favorito nunca está lejos de ti. Coleccionar no va de acaparar ni de ser materialista, sino de cuidar, celebrar y expresarse.

Expón tus cosas

Ahora que te sientes más seguro a la hora de exponer tus colecciones, es el momento de pensar en la mejor forma de incorporar las cosas que te gustan a tu decoración. Dejar caer al suelo todas las manoplas de ganchillo que has tejido podría ser una manera fácil de exponer tu colección, pero no sería agradable ni práctico. La diferencia entre un verdadero desorden y un nido goblin felizmente desordenado es la intención. En lugar de dejar caer las cosas por todas partes, piensa dónde te pueden servir mejor a ti y al espacio. ¿Qué quieres sentir cuando te quedas dormido por la noche? ¿Qué adornos puedes poner junto a tu cama que te inviten a esa sensación? Piensa bien lo que pones en cada rincón de tu espacio y pronto tendrás un nido acogedor en el que cualquier goblin estaría encantado de vivir.

¡Tarros, tarros, tarros! Lo mejor de los tarros es que los puedes encontrar en un amplio abanico de tamaños diferentes y, básicamente, todo queda bien en ellos. Los tarros transmiten un equilibrio entre el desorden y la contención, y te permiten ver todo lo que pones dentro de ellos. Y lo que es mejor, son baratos y se pueden encontrar en casi cualquier lugar. Busca tarros de distintos tamaños y llena cada uno de ellos con una colección diferente: bolígrafos, guijarros, botones, anillos. Pon los tarros donde mejor te parezca. Quedarán bien en cualquier sitio y te permitirán acceder fácilmente a ellos si necesitas algo que se encuentre dentro de uno de ellos. Guarda unos cuantos tarros vacíos por si te encuentras con un montón de cordones o de gomas para el pelo con los que no sabes qué hacer. Mételos en un tarro y, de repente, ¡conseguirás decoración y organización!

Apuesta por las estanterías. El espacio de almacenamiento y el de exposición suelen ser diferentes, pero las estanterías sirven para salvar esa distancia y recordarte que es fácil convertir tu espacio de almacenamiento en algo que merezca la pena exponer. Las estanterías son fáciles de decorar y personalizar, aunque empieces con unas que parezcan sosas. Si compras una estantería lisa en una gran superficie, puedes pintarla del mismo color que la pared para que destaque tu colección de ranitas. Si encuentras una estantería vieja tirada junto a un contenedor, puedes pintar setas en los laterales o pegarle flores decorativas o forrarla con papel pintado o con papel adhesivo. Y cuando tus estanterías estén más personalizadas, podrás dedicar tiempo a elegir cuáles de tus tesoros quedarán mejor en cada repisa. Da rienda suelta a tu creatividad y considera la posibilidad de exponer cosas que normalmente guardarías en un armario. Decorar tus estanterías es una oportunidad para replantearte cuáles de tus tesoros quieres ver todos los días.

Exponlo bajo un cristal. Las cajas de sombras son una excelente manera de exponer cosas que normalmente no podrías colgar en la pared. Una caja de sombras es una caja poco profunda con un panel de cristal en la parte delantera que puedes colgar en la pared o poner sobre una mesa. Llenar una caja de sombras con tesoros como conchas marinas, piedras o botones es una forma divertida de mostrar una colección, o puedes clavar o pegar objetos en el fondo de la caja de sombras para exponer cualquier cosa, desde ropa vintage hasta flores secas o mariposas. Aunque las cajas de sombras son mucho más fáciles de comprar que de hacer, también puedes hacerlas aprisa y corriendo decorando una caja de zapatos (o cualquier otra caja) y colgándola de la pared. Las cajas de sombras realzan cualquier cosa que pongas en ellas y son una forma divertida de dar un toque pomposo a tus aparentemente mundanos tesoros.

Desorden, pero con clase. Las *gallery walls* son una forma muy sencilla de decorar tu espacio. Básicamente, consiste en reunir todos tus tesoros y adornos, y colgarlos juntos en una misma pared. En un proyecto como éste es importante tener buen ojo para los detalles y el espaciado para evitar que la pared quede demasiado cargada. ¡Pero no te preocupes, porque es fácil comprobar cómo quedará la pared antes de colgar nada! Antes de nada, saca todo lo que quieras incluir en la pared y mide cada objeto. Luego, con papel de impresora, papel de envolver, papel de periódico o lo que tengas a mano, corta trozos del mismo tamaño que tus decoraciones. Pega los trozos de papel en la pared y dedica un rato a organizarlos y volverlos a organizar hasta que encuentres la disposición que más te satisfaga. Entonces cuelga los adornos en el lugar que les hayas asignado. Las *gallery walls* reúnen lo mejor del desorden y del orden para crear una bonita decoración.

La bandeja es lo que buscas. Si tienes espacio en tu mesa baja o en tu mesa de comedor, hazte con una bandeja (o un plato grande) y coloca allí parte de tu colección. No sólo quedará elegante tener tus baratijas en su propia bandeja especial, sino que será fácil trasladarlas a otro lugar si organizas una cena para tus amigos goblins y necesitas sitio en la mesa. Colocar tu colección de frascos de cristales de colores o de animales de cerámica o de terrarios de musgo en una bandeja añadirá profundidad a tu espacio, ya que aleja tus colecciones de las paredes y estanterías hacia el centro de tu habitación. ¡Incluso puedes exponer tus tarros en la bandeja! ¡Dos expositores en uno! Si tienes una bandeja, puedes tenerlo todo en ella.

Cuando organices tus colecciones, considera la posibilidad de agrupar objetos similares cerca los unos de los otros. En lugar de repartir los dinosaurios de plástico por toda la casa, ponlos todos en la consola del televisor. En lugar de colgar unas cuantas llaves de tu colección de llaves antiguas en la nevera, cuélgalas todas juntas en la misma pared, encima de tu escritorio. Resulta divertido probar distintas formas de exponer tus colecciones.

MINIMALISMO GOBLIN

Si eres una persona organizada que está empezando a dudar de si se te permite ser un goblin, no te preocupes. Puedes ser un goblin y decorar siguiendo el estilo goblin, aunque limpies a fondo tu casa una vez al mes y te encante usar una máquina etiquetadora. *Desorden* no tiene por qué significar «desorden total». Incluso los raros organizados pueden decorar siguiendo el estilo goblin, y no es más difícil que adoptar otro tipo de decoración. A continuación, te doy algunos consejos para crear un caos controlado.

Controla el desorden. Si no te gusta la idea de que tu espacio esté sobrecargado de baratijas, detallitos y tesoros, céntrate en unas pocas zonas pequeñas para exponer tu colección. Reserva una pared como *gallery wall* y deja las demás desnudas. Añade sólo uno o dos objetos decorativos a tu estantería. Dispón todos los frascos y las botellas llenos en el alféizar de la ventana en lugar de repartirlos por toda la casa. No pasa nada por tener algunos límites al desorden: puedes seguir mostrando todas tus cosas favoritas sin tener la sensación de que sobrecargan tu espacio.

Sencillo pero extraño. ¿Quién dice que el minimalismo sólo puede ser beis y aburrido? Aunque seas un fanático incondicional de lo limpio y sin complicaciones, puedes seguir integrando la rareza de la sensibilidad goblin en tu decoración. Si te has propuesto tener una única cosa en cada pared, ¿por qué no optar por una caja con especímenes de mariposa en lugar de un póster, o una tela teñida por ti mismo con zumo de arándanos en lugar de un tapiz comprado en una tienda? En lugar de una única silla de color crema en la esquina, puedes optar por una única silla de terciopelo verde en la esquina. Encuentra una lámpara rara en lugar de una moderna de mediados de siglo o haz un móvil de conchas marinas que sirva de punto de fuga. Déjate llevar por tus gustos raros, bromistas e inesperados, sea cual sea el tipo de decoración que más te guste. No hay una única forma de hacer minimalismo, igual que no hay una única forma de ser un goblin.

Hazlo tú mismo. Recuerda que, en última instancia, la decoración goblin consiste en hacer que tu espacio te resulte seguro y acogedor. Si lo que te hace sentir más cómodo es tener un espacio pulcro y ordenado, ¡acéptalo! Rediseñar tu desorden como decoración puede hacerte sentir mejor a la hora de exponer tus objetos favoritos, pero, aunque te guste mantener tus cosas en un cajón, eso no significa que no puedas ser un goblin. Mantener tus cosas ordenadas para poder sacarlas cuando las necesites o las quieras es muy propio de un goblin. Hay todo tipo de goblins en el mundo, y la comunidad goblin les está muy agradecida.

La magia de no ordenar que cambia la vida

¿Qué significa vivir en un hogar limpio? ¿Significa que desinfectas todas las superficies todos los días? ¿Que sólo tienes lo mínimo necesario para vivir? ¿Que pasas la aspiradora por todas partes? ¿O puede significar que tu espacio está organizado de una forma que tiene sentido para ti, que sabes dónde están (la mayoría) de tus pertenencias, que tus platos están guardados y que no hay mugre acumulándose en ningún rincón? Por lo general, todos necesitamos darnos un respiro. Hay mucho peso moral depositado en mantener el espacio limpio, pero *limpio* no es un término objetivo. Para algunas personas, un espacio limpio es aquél en el que todo se guarda y se friega una vez a la semana. Para otros, un espacio limpio puede significar simplemente que se puede ver la mayor parte del suelo. No hay nada intrínsecamente bueno en la limpieza ni malo en el desorden. Limpio y desordenado no son binarios morales, sino formas de vivir con tus cosas. La cantidad de jerséis y bisutería que tengas encima de la cama en un momento dado no determina qué clase de persona eres ni cuánto amor, cuidado y atención mereces.

Incluso las personas a las que les encanta limpiar a veces tienen una semana, un mes o incluso un año en el que no quieren hacerlo con frecuencia. No pasa absolutamente nada. Eso no significa que no vayas a volver a hacer la colada o que te hayas vuelto moralmente reprobable. Nada en la vida es concreto, y aceptar la fluidez de tus niveles de energía y motivación te hará sentir mucho mejor. No tienes por qué vivir tu vida siguiendo los estándares de los demás. Simplemente mantén tu espacio en un estado que lo notes seguro, cómodo y accesible, y no te preocupes por si un extraño lo consideraría «suficientemente limpio».

En lugar de ideas con carga moral sobre la limpieza, los goblins pueden adoptar un enfoque más centrado en la persona. ¿Tu espacio es habitable? ¿Se adapta a tus necesidades? ¿El nivel de desorden te resulta agradable y familiar, o te estresa? ¿Hay *suciedad* que pueda poner en peligro tu salud o la de tus invitados, o simplemente se trata de *desorden*? Tu versión de la limpieza no tiene por qué parecerse a la de los demás. Encontrar tu propia definición de limpio es una oportunidad para explorar lo que te hace sentir seguro y relajado en tu hogar. Si te sientes frustrado por tu falta de organización o si tu desorden te estorba, lo mejor es que busques orientación y consejos de limpieza que se adapten a tus necesidades, ya sea que recurras a amigos amantes de la organización para que te ayuden a replantear tu armario y tu despensa, o que pagues a alguien para que de vez en cuando limpie tu espacio por ti. Mantener ordenado tu espacio, o al menos organizado según tus necesidades particulares, puede ser un reflejo de tu autocuidado y de tu entorno vital. Nuestro espacio puede influir sobre nuestra salud mental, y merece la pena considerar si eres de los que adoran tener ropa tirada por todas partes o de los que se sienten ansiosos y deprimidos si tienen el armario desordenado. Así pues, ¿cuáles son algunas formas de crear un hábitat que se adapte mejor a tus necesidades?

Ten claro dónde va cada cosa. En lugar de guardar los objetos importantes en «lugares seguros» y olvidarte de dónde están, intenta designar determinados lugares como el «hogar perpetuo» de tus objetos importantes. Por ejemplo, en lugar de dejar el cargador del móvil donde lo has utilizado por última vez, intenta guardarlo siempre en un mismo sitio, concretamente en un lugar que utilices y veas a menudo. Clava un gancho en la pared y deja siempre las llaves colgadas. Pon un tarro al lado de cada silla, del sofá o de la cama y mete siempre las gafas de leer en uno de esos tarros cuando hayas terminado de utilizarlas. No te lo pongas difícil; elige lugares sencillos y evidentes, e incluso considera la posibilidad de anotar en el teléfono móvil dónde va cada cosa a medida que vas aprendiendo dónde te gusta tener esos «hogares perpetuos». Si te cuesta decidir dónde disponer las cosas, utiliza el concepto de «poner una papelera debajo»: cuando te des cuenta de que acumulas montones de cosas en un lugar determinado, pon una papelera (o el tipo de almacenamiento que prefieras) en ese lugar y... *¡boom!* Se acabó el amontonamiento, ahora tienes una bonita papelera.

El desorden tiene su lugar. No hace falta que todos los rincones y recovecos de tu casa estén etiquetados y sellados al vacío para que esté todo organizado. El truco de la organización consiste en designar lugares para el desorden. Cuando recibas el correo, no hace falta que lo apiles por orden alfabético y lo guardes en un archivador. Puedes dejar un plato, una maceta o un mantel individual sobre la mesa para que sirva de lugar donde dejar el correo. De este modo, las cartas pueden seguir desordenadas, pero el desorden se limita a un lugar designado (¡pon una papelera debajo!). Además, así te resultará más fácil encontrar más tarde lo que buscas. Puedes hacerlo con cualquier cosa: guarda las cosas que siempre llevas contigo en un bol junto a la puerta de entrada, llena un tazón con bálsamos labiales y lociones de sobra, deja un tarro en el baño para las joyas sueltas. Ser organizado es hacer que sea fácil recordar dónde se encuentran los objetos importantes y acceder a ellos. Este método también puede ayudarte a saber cuándo necesitas reponer o reducir determinados artículos. Si tu pila de correo se parece cada vez más a un rascacielos, puede que haya llegado el momento de revisarla. Si tu tarro de bolígrafos está vacío, puede que necesites comprar bolígrafos nuevos. Si te mantienes fiel a tus hábitos organizativos, te quitarán parte de la presión de tener que acordarte de todo.

Diviértete. La idea de hacer de la limpieza algo divertido puede sonar trillada o incluso absurda. Sin embargo, si eres una persona a la que le cuesta ser ordenada y organizarse y quieres mejorar, merece la pena pensar en formas de hacer estas tareas menos dolorosas. Piensa en aquello que te motiva en otros aspectos de tu vida e intenta aplicar esas tácticas de motivación a la limpieza. Si trabajas mejor en intervalos de diez minutos, divide el proceso de limpieza en función de esos intervalos. Si eres incapaz de hacer más de una tarea cada vez sin aburrirte, planifica hacer la colada un día y fregar el baño otro. Poner un programa de radio, un pódcast, música o incluso llamar a un amigo mientras trabajas también puede ayudar a que el proceso sea más agradable. Si quieres limpiar más, hazlo de la forma que más te convenga. No te preocupes por fregar todo el piso en una hora o por programar estrictamente un día de limpieza una vez a la semana. Trabaja de la manera que te resulte más agradable. Haz que el trabajo trabaje para ti, y no al revés.

ARTE MURAL CON MUSGO

¿Buscas la atracción goblin perfecta para tu nueva *gallery wall* ecléctica? No busques más: el arte mural con musgo. Esta manualidad decorativa es una estupenda manera de incorporar vegetación a tu espacio sin necesidad de mantenimiento y de mostrar tu sensibilidad goblin, divertida y naturalista. El arte mural con musgo es barato de hacer y resulta bonito a la vista, ¡y ese es el ideal goblin!

QUÉ NECESITARÁS

★ Una hoja de papel y un lápiz
★ Un marco o un trozo plano de madera
★ Musgo preservado (disponible en la mayoría de las tiendas de plantas y manualidades. Asegúrate de comprar musgo preservado y no musgo vivo, porque el musgo vivo necesitará mucho mantenimiento y humedad que acabaría dañando tus paredes)
★ Tijeras
★ Pistola de cola caliente o cola para madera
★ Un tablero de espuma (opcional)
★ Palos, piedras y flores preservadas (opcional)

CÓMO HACERLO

1. Esboza en un papel el diseño que quieres hacer. No hace falta que reproduzcas el diseño a la perfección, pero es bueno tener una idea de lo que quieres antes de empezar. Si quieres que el musgo tenga mucha profundidad, recorta trozos de cartón pluma y pégalos al marco. De este modo, parte del musgo quedará algo elevado. No necesitas hacerlo, ¡pero le aporta un bonito toque!

2. Si utilizas un marco de fotos, retira con cuidado el cristal del marco para que sólo queden la parte posterior y los bordes.

3. Coge el musgo y córtalo o rómpelo en trocitos para darle la forma que desees. Comienza a colocar y disponer tu musgo hasta que estés contento con tu diseño.

4. Pega el musgo. Si vas a utilizar cola para madera, extiende una capa fina sobre la parte posterior del marco o del tablero de espuma. El musgo se pega bien con la cola para madera, pero ten en cuenta que puede tardar un día entero en secarse. Si utilizas una pistola de cola caliente, simplemente aplica cola en la parte posterior de cada trozo de musgo antes de pegarlo al marco.

5. Si quieres añadir más cosas a tu arte con musgo, coge los palos, las piedras, las flores preservadas o cualquier otra decoración goblin que hayas reunido y pégalo.

6. Deja secar el pegamento... ¡y ya está!

Más allá de lo visual

¿Qué hace que un hogar resulte acogedor? ¿Se trata estrictamente de que sea digno de Instagram, es decir, de las cualidades de ambiente que hacen que se vea bien en una foto en las redes sociales? ¿O lo acogedor va más allá del atractivo visual? Por supuesto, está bien disponer de un espacio bonito, pero eso lo sabe todo el mundo. Lo que mucha gente se olvida de tener en cuenta al decorar su cubil es la importancia de las texturas, los olores y los sonidos de su hogar. Lo ideal es que el espacio atraiga varios sentidos, no sólo uno. Pensemos qué podemos añadir a nuestro entorno que lo haga acogedor, pero que no se vea inmediatamente en una foto.

TEXTURAS

Añadir texturas agradables a tu espacio es una estupenda manera de incrementar inmediatamente lo acogedor. Sobre todo si tienes muchas preferencias y aversiones sensoriales específicas, dedicar tiempo a pensar en las texturas de tu espacio puede hacerte la vida mucho más agradable a largo plazo. Prueba a pasear por tu piso y tocar todas las mantas, sábanas, alfombras y toallas. ¿Te gusta la sensación de alguna de ellas? ¿Odias la sensación que te transmiten otras? Anota qué tejidos prefieres y cuáles te resultan desagradables. Si hay ciertos tejidos cuya textura no soportas, ¡deshazte de ellos! Tal vez puedas organizar un intercambio goblin de mantas o simplemente darlas a una tienda de segunda mano. No tienes por qué quedarte con algo que te hace sentir incómodo. Si hay tejidos que tienen una textura realmente fantástica, intenta tenerlos más a mano. Si tienes una manta que te encanta, pero siempre la tienes guardada debajo de la cama, prueba a dejarla encima de la cama o en el sofá. Ten tu confort siempre a mano.

Aunque pasamos mucho tiempo pensando en qué texturas les gustan a nuestras manos, también merece la pena pensar en qué texturas les gustan a otras partes de nuestro cuerpo. Por ejemplo, si odias levantarte de la cama y pisar el suelo frío, puedes buscar una alfombra o una esterilla, o incluso un par de zapatillas para tenerlas junto a la cama. Si te duele la espalda al sentarte en la silla de oficina, prueba a ponerte una almohada que te ofrezca apoyo para la espalda. Si te lavas la cara con una toallita demasiado áspera, cámbiala por otra más suave. Priorizar la comodidad significa dedicar uno o dos minutos a sentirte mejor en cualquier situación, especialmente en el hogar.

OLORES

Tanto si te gustan las fragancias como si las odias, la mayoría de la gente tiene una opinión firme sobre los olores en su espacio. Para algunos, quemar una vela es relajante, mientras que para otros puede desencadenar un ataque de alergia. Por eso, antes de empezar a utilizar más (o menos) olores en tu habitación, deberás consultarlo con tus compañeros de piso. (¡Sí, puedes aspirar a menos olores! Si quieres un ambiente sin olores, es tan válido como tener un puñado de velas cuidadosamente colocadas. Lo importante es establecer el paisaje sensorial que te haga sentir más cómodo).

Si te gustan los olores, las velas perfumadas son una opción evidente, pero pueden suponer un peligro de incendio y no están permitidas en todo tipo de edificios. De todos modos, si no puedes encender velas por cualquier motivo, hay muchas otras formas de introducir fragancias en tu entorno. Una visita rápida a un supermercado te ofrecerá docenas de opciones de aerosoles perfumados,

ambientadores y artilugios similares. Son una forma estupenda y rápida de aromatizar tu espacio. Pero si son demasiado fuertes, prueba con varitas aromáticas o difusores, o incluso haz tu propia combinación. Hay montones de formas no inflamables de hacer que tu espacio huela bien (consulta el apartado «Aromas frescos para relajarse y estudiar» para ver más ideas).

Independientemente del tipo de potenciador del aroma que elijas, el siguiente paso será decidir cuáles son tus olores favoritos. Echa un vistazo a los productos perfumados que ya tienes: ambientadores y velas, así como perfumes, desodorantes y jabones. Es probable que ya te inclines por un determinado tipo de fragancia, seas consciente de ello o no. Piensa en qué tienen en común todos tus olores favoritos: ¿son todos florales o te inclinas por los almizclados? ¿Te gustan los olores dulces o prefiere, los especiados? Investiga qué tipos de olores prefieres para poder reducir tus opciones olfativas.

Si quieres algo más sofisticado, ten en cuenta que la mayoría de las empresas de velas sofisticadas (o caseras) tienen olores que van mucho más allá de las típicas flores y los productos de confitería. Puedes encontrar velas que huelen a tierra mojada, a libros viejos, a ajo, a humo de madera quemada... Si tu olor favorito no es un olor tradicionalmente «bueno», es muy probable que acabes encontrando una vela con ese olor si haces una búsqueda rápida en Internet de «vela + [tu olor deseado]». ¡Y aunque no encuentres tu olor favorito en Internet, en algunas ciudades hay laboratorios de velas donde puedes mezclar tus propias fragancias!

Una vez que hayas descubierto tu género olfativo ideal, investiga un poco para averiguar qué ingredientes se suelen utilizar en el tipo de aroma que prefieres. Por ejemplo, el tabaco y el ámbar son ingredientes habituales en las fragancias especiadas, mientras que el pachulí es el ingrediente principal de la mayoría de las fragancias almizcladas. Saber qué ingredientes forman parte de tus fragancias favoritas te facilitará la compra de velas y de otros artículos perfumados (sobre todo si compras por Internet).

Ahora que ya sabes qué aromas te gustan, piensa: ¿por qué hacer que tu piso huela igual en todas las habitaciones? ¿Por qué no elegir aromas diferentes para cada habitación? Compra un ambientador de gardenia para el baño, una vela de tabaco para colocar junto al televisor y un popurrí de lavanda para colocar junto a la cama. Experimenta cómo combinan los distintos aromas y sitúalos de modo que tengan más profundidad. Cambia tus fragancias favoritas según la época del año o en vacaciones para animarte. Otra cosa divertida de probar distintos olores es aprender cómo te hacen sentir: si el aroma de panal de abejas te tranquiliza mientras trabajas, pon una vela de este aroma cerca de tu ordenador; enciende una vela de aroma cítrico al levantarte si ese olor te sube el ánimo. Como con todo, haz que tus aromas trabajen para ti. Y si te cansas de cómo huele tu espacio, ¡cámbialo!

SONIDOS

El sonido no es algo que nos venga inmediatamente a la cabeza cuando pensamos en decoración, pero puede tener un enorme efecto sobre las sensaciones que transmite un espacio. ¿Qué tipo de sonidos quieres en tu cubil goblin ideal? ¿Qué tipo de sonidos *no* quieres? Si no soportas los sonidos repetitivos, pero tienes un reloj en tu escritorio, es muy probable que te cueste concentrarte. Si tu despertador tiene un sonido irritante, puede que te levantes de mal humor todos los días. Pequeños sonidos como éstos pueden influir tanto sobre nuestro estado de ánimo y nuestras rutinas que merece la pena pensar en el paisaje sonoro de tu espacio antes de terminar definitivamente tu nido.

En primer lugar, piensa en los sonidos a gran escala. ¿Te gusta tener sonidos ambientales de fondo? ¿Prefieres tener música o un pódcast sonando todo el tiempo? Si es así, puede que valga la pena invertir en un altavoz, una máquina de ruido blanco o un ventilador para crear ese ruido de fondo que buscas. Si no quieres comprar un altavoz, siempre puedes poner el teléfono móvil en una taza o un vaso para amplificar el sonido. Independientemente de cómo los amplifiques, piensa qué sonidos te hacen sentir relajado, cuáles te ayudan a concentrarte y cuáles te ayudan a despertarte. Si prefieres el silencio, ¡genial! Pero si no, prueba a experimentar con distintos sonidos de fondo en diferentes momentos del día para descubrir cuáles te sientan mejor. Recuerda que probablemente no haya un solo sonido que te haga sentir bien todo el día, así que no tengas miedo de mezclarlos.

A continuación, piensa en los sonidos más sencillos de tu vida: una puerta que cruje, un reloj ruidoso, un tono de llamada molesto. ¿Qué puedes hacer para mejorar esos ruiditos que oyes todos los días, varias veces al día? Probablemente sólo te llevará dos minutos cambiarlos, y dedicar un rato a mejorar algo que te ha estado molestando hará que te sientas mucho mejor. Puede resultar difícil sentirse motivado para hacer pequeñas tareas como ésta, pero merecerá la pena, especialmente si eres una persona sensible a los sonidos. ¿Por qué sufrir el chirriante sonido de una alarma cuando puedes hacer que suene el tema de tu película favorita?

Goblins sin buena mano para las plantas: un grupo de apoyo

Como a los goblins les encanta la naturaleza y las plantas, los que no sepan cuidarlas pueden sentirse un poco excluidos de la cultura. Estar rodeado de verde es genial y encaja perfectamente con el ambiente goblin, pero hay más de una manera de meter plantas en tu espacio. Si no tienes buena mano para las plantas, sino más bien un montón de cadáveres de plantas en el jardín, puede serte útil pensar en formas alternativas de hacer realidad tus sueños de goblin natural y ecológico. Por suerte, no faltan alternativas para dar un toque verde a tu espacio, aunque no tengas habilidades para la jardinería.

PLANTAS DE BAJO MANTENIMIENTO

Si realmente te convence la idea de tener plantas vivas en tu espacio, prueba a adquirir algunas de bajo mantenimiento antes de liarte con otras especies que requieran cuidados más regulares. Las suculentas (como los cactus, el árbol de jade y el aloe vera), las plantas del aire y algunas plantas de interior comunes, como las sansevierias, las cintas y las zamioculcas, son fáciles de cuidar y difíciles de matar. Si compras una planta que necesita tierra para vivir, investiga un poco con qué tierra llenar la maceta de esa planta. (Por ejemplo, la mayoría de las plantas desérticas prefieren una tierra más arenosa). Mantener tu planta en la macetita de plástico y tierra muerta en la que la has comprado no le va a hacer ningún favor.

Replantarlas en tierra fresca con muchos nutrientes es un truco sencillo para que sobrevivan más tiempo. Si compras una planta del aire, no tendrás que preocuparte por la tierra, ¡lo cual es estupendo! No olvides regarlas a menudo. Si tu planta parece estar seca, es que necesita agua. En cambio, si tiene buen aspecto, pero estás aburrido y quieres regar una planta, ¡busca otra cosa que hacer! No mates a tu planta regándola en exceso por ansiedad o aburrimiento. Aunque estas plantas requieren poco mantenimiento, no significa que no se mueran nunca. Pero no te preocupes: a medida que vayas conociendo mejor a tu planta, sabrás mejor qué quiere y cuándo lo quiere. Las plantas son muy buenas comunicando sus necesidades.

PLANTAS ARTIFICIALES

Se trata de una gran opción para aquellos goblins que saben que, por poco mantenimiento que tenga una planta, la matarán igualmente. Las plantas artificiales son imposibles de matar, nunca se marchitan y no tienes que preocuparte por regarlas o abonarlas, ni de las moscas del mantillo (las pequeñas plagas tipo mosca de la fruta que pueden aparecer en las plantas reales). Puedes encontrar plantas artificiales en la mayoría de las tiendas de artículos para el hogar. Aunque te vengan a la cabeza flores de plástico horribles, las plantas artificiales son un elemento decorativo muy bonito y adaptable que aportará verdor a tu espacio. Las hay de todo tipo, así que, si no te gustan las flores, siempre puedes comprar suculentas artificiales o incluso una enorme monstera artificial.

Intenta utilizar las plantas artificiales menos como elementos que llamen la atención y más como detalles. Para dar un toque de verdor a tu espacio, dispón pequeños objetos, como una vieja botella de cristal con dos o tres flores artificiales o una fila de cactus artificiales en un estante alto. Es más difícil que la gente se dé cuenta de que tus plantas son artificiales si los pétalos satinados no están a unos pocos centímetros de distancia. También puedes dar rienda suelta a tu creatividad y probar de hacer arreglos de flores (o de hojas, tallos o ramitas). Si con tus plantas artificiales creas arreglos visualmente interesantes, dejarás de prestar atención a que son artificiales y centrarás la atención en tu impresionante habilidad para confeccionar un bonito ramo. De todos modos, lo más importante para que tus plantas artificiales parezcan reales es mezclarlas con algunas plantas de verdad. Si mantienes una mezcla de plantas fáciles de cuidar y plantas artificiales, nadie tiene por qué darse cuenta de cuáles son de verdad y cuáles no.

HAZ TUS PROPIAS PLANTAS

Si eres el tipo de goblin que no puede mantener viva una planta pero quiere ensuciarse las manos, puedes intentar hacer tus propias plantas. Con papel, fieltro, cartón o incluso papel maché, puedes hacer plantas únicas y bonitas y no tendrás que preocuparte por si las matas. No te preocupes si estas plantas no se ven hiperrealistas porque parte de la diversión de hacer tus propias plantas es tener trozos de vegetación que parezcan arte original y hecho en casa. Acepta la estética improvisada y hecha en casa, y déjate llevar por la alegría que las plantas hechas a mano aportarán a tu espacio. (Para más información, consulta el apartado «Helechos de papel»).

Si no eres un fanático de los trabajos artísticos, puedes exponer plantas secas en tu espacio. Unas rosas secas colgadas de la pared o unos jarrones con dalias secas darán un toque natural a tu hogar con poco esfuerzo. Es fácil secar flores: sólo debes dejarlas colgadas boca abajo durante una semana más o menos, e incluso podrías prensar hojas y flores debajo de un libro para utilizarlas en otra decoración más adelante. Las flores secas aportan un toque de brujería a cualquier espacio, así que son perfectas para los goblins.

HELECHOS DE PAPEL

Así que estás interesado en añadir un poco de vegetación a tu espacio sin ensuciarte las manos. ¡Pues estás de suerte, porque es fácil y divertido confeccionar plantas de papel! Los helechos de papel son geniales porque no se tarda mucho en hacerlos, pero te ofrecerán ese verde que buscas, aparte de unas maravillosas formas naturales. ¡Además, no resultan nada caros! Cuando le cojas el truco a estos helechos de papel, podrás decorar toda tu casa con el follaje de papel ideal.

QUÉ NECESITAS

★ Cinta de papel crepé (o pinocho) verde
★ Alambre grueso (de unos 2 mm de grosor)
★ Cortaalambres
★ Tijeras
★ Pegamento en barra
★ Pistola de cola caliente

Si quieres que parezca que tus helechos están creciendo, coge una maceta o un jarrón y pon dentro una bola de espuma. A continuación, cubre la bola con musgo preservado y clava el alambre del extremo de los helechos en la bola, atravesando el musgo. Ya tienes un bonito y natural expositor para tus helechos.

CÓMO HACERLO

1. Corta un trozo de papel crepé de entre 20 y 25 cm de longitud, y dóblalo por la mitad a lo largo.

2. Con un cortaalambres, corta un trozo de alambre de unos 5 cm más largo que el papel.

3. Con las tijeras, corta un arco desde la parte inferior del papel hasta la parte superior (¡asegúrate de no cortar el lado dobla-do!), de modo que el papel tenga una punta al desplegarlo. (Esto es como cortar la parte inferior de un corazón de San Va-lentín).

4. Con el papel todavía doblado, haz una serie de cortes desde el exterior hacia el lado doblado. Los cortes deben estar separa-dos aproximadamente 1 cm, pero pueden espaciarse más si quieres hojas más anchas. Asegúrate de dejar al menos 3 mm del borde doblado.

5. Redondea los bordes de cada uno de tus cortes para que tus hojas de helecho parezcan más naturales.

6. Corta otro trozo de papel crepé de la misma longitud que el alambre, córtalo por la mitad a lo largo y cúbrelo con pega-mento en barra. Enróllalo alrededor del alambre para cubrirlo del todo.

7. Desdobla el primer trozo de papel y aplica cola caliente por el pliegue en el centro del helecho. Pega tu alambre con la cola.

8. ¡Ahueca las hojas y dobla el helecho hasta que quede bien!

¿Te sientes preparado para convertir tu casa en un cubil de goblins? Si te sientes sobrepasado, empieza por cosas pequeñas, como anotar lo que ya te gusta de tu habitación o colgar algunas de las acuarelas que has estado haciendo de la flora local. No hace falta que lo cambies todo en un día. Tómate tu tiempo e intenta crear tu nuevo hábitat. Ten en cuenta todos los aspectos de lo hogareño que se tratan en este capítulo, desde la organización hasta la presentación de la colección, pasando por la incorporación de olores y texturas agradables. Hay mucho en lo que pensar cuando se construye un hogar, pero así es como debe ser.

Al fin y al cabo, un cubil no deja de ser un espacio sagrado. Es una representación de ti, y tú tampoco te has hecho en un día.

Si tienes muchas ideas para tu cubil, ¡genial! Dedica algo de tiempo a tus ideas, dales cuerpo y piensa en cómo te sentirías viviendo en tu nuevo espacio rediseñado. A veces enseguida se te ocurre una idea que parece verdaderamente genial, como apilar un montón de terrarios para hormigas los unos encima de los otros para crear un espectacular muro de terrarios para hormigas. Pero luego, pensándolo mejor, acabas preguntándote de dónde sacarías todas esas hormigas, hasta qué punto serías capaz de cuidarlas y qué harías si pasara algo y todas tus hormigas se escaparan y se apoderaran de tu piso. Algunas ideas son mejores como punto de partida para otras ideas. Quieres que tu hábitat sea perfecto para tu yo real, no para una idea del tú al que le gustan mucho las hormigas.

Sea cual sea la forma en que decidas decorar tu hogar, asegúrate de que tus decisiones sean meditadas. Quieres que sea un lugar en el que te sientas bien, seguro y a gusto. Tener un cubil goblin no consiste tanto en mostrar un montón de tonos tierra y setas en tu espacio como en crear un espacio que lo sientas como una extensión única de ti mismo. No importa lo pequeño o grande que sea tu hogar; siempre hay espacio para que se convierta en tu cubil goblin perfecto si eres intencionado y fiel a ti mismo. Si te haces el regalo de un hogar cuidado y valioso, recibirás a cambio un confort infinito.

CAPÍTULO 5

Ranas y sapos son amigos

Qué puedes aprender de los
extraños animalitos de tu vida

A todos nos gustan los perros y los gatos. A todos nos gustan los conejitos y los hámsteres y todos los demás amiguitos dulces y peludos que se dignan a hacernos compañía. Nadie está en contra de los perros, los gatos y afines. Pero... ¿has pensado alguna vez que hay criaturas escamosas, viscosas o exoesqueléticas que también podrían ser buenos amigos y compañeros, y modelos a seguir? ¿Por qué los peludos se llevan todo el amor?

Si eres de aquellas personas que siempre se han sentido como un lagarto en un mundo de mamíferos, no estás solo. No todo el mundo puede ser, o incluso quiere ser, una persona tipo golden retriever (léase: alguien excitable, leal y dulce) o una persona tipo gato (léase: alguien independiente, misterioso y rebelde). Algunos somos ranas (tranquilas y flexibles) o tortugas (reflexivas y amables) o incluso cangrejos ermitaños (tipejos ansiosos).

Ser un goblin consiste en aprender a aceptar lo extraño e inesperado, tanto en la naturaleza como en uno mismo. Los animales peludos son fáciles de querer, pero dedicar tiempo a conocer y apreciar a los animales más viscosos es fundamental para el estilo de vida goblin. Aceptar a estas criaturas también puede ayudarte a aceptar las cosas de ti mismo que no te acaban de gustar. ¿Qué podemos aprender sobre nosotros mismos de los lagartos, las serpientes o las ranas venenosas? ¿Cómo puede ayudarnos a aceptar nuestras propias rarezas aprender a querer a los animales que se salen de lo común? Del mismo modo que las brujas tienen familiares, los goblins tienen amigos viscosos y escamosos que les ayudan a moverse por el mundo y les señalan el camino hacia las partes más maravillosamente extrañas de la vida. El pelaje se lleva todo el amor, pero la viscosidad puede enseñarnos sobre la confianza, el cuidado de los demás, la autoaceptación, el género y cómo crear un espacio para uno mismo en un mundo grande, blando y húmedo.

Encuentra tu modelo de rol de criatura

Los horóscopos y los signos del Zodíaco están muy bien si te gustan esas cosas, pero no hay mejor guía para la vida de un goblin que un animalito extraño. Las estrellas están lejos, pero los caracoles, las serpientes y los cangrejos ermitaños están justo a tus pies, y pueden enseñarte mucho sobre ti mismo. ¿Eres un Sol en lagarto con ascendente en tortuga, o te identificas más con tu Luna en ajolote? Sigue leyendo para averiguar con qué criatura viscosa, escamosa o con caparazón te identificas más, y utilízalo como punto de partida para reflexionar sobre cómo te ves a ti mismo y con qué disfrutas.

RANA

Si eres una rana, es difícil que te enfades. Las ranas de verdad son tranquilas y no se molestan por las cosas que pasan a su alrededor. Les gusta ir a lo suyo y centrarse en sus cosas. Si eres una rana, probablemente seas el tipo de amigo al que hay que explicarle varias veces el drama del grupo de amigos antes de que le quede grabado, pero siempre estás disponible si alguien necesita hablar contigo. Las ranas en realidad sólo pasan el rato, y son tan felices formando parte de un grupo como estando solas.

- **Le gusta:** pasar el rato, conducir por la noche, videojuegos acogedores, bocadillos crujientes, enterarse del drama

- **No le gusta:** dejarse arrastrar por el drama, los ruidos fuertes, pasar hambre
- *Hobbies:* mantener una impresionante colección de cremas hidratantes, crear listas de reproducción hiperespecíficas, cocinar platos sencillos pero increíbles

TORTUGA

Las tortugas son atentas y cariñosas, y siempre están dispuestas a pasar el rato. Aunque pueda parecer que las tortugas son tímidas porque a menudo se encierran en su caparazón, en realidad se toman un minuto para reflexionar sobre lo que ocurre a su alrededor. Las grandes placas circulares del caparazón de las tortugas se llaman escudos, que suena a «es cuco» (la segunda parte puede no ser técnicamente cierta). Si eres una tortuga, puede que necesites un poco de tiempo para decidir qué hacer o qué decir... ¡y no pasa nada! Porque tomarse unos segundos para pensar qué hacer a continuación es lo que les permite a las tortugas ser tan buenas amigas.

- **Le gusta:** los auriculares con cancelación de ruido, el cariño, la fruta fresca, la ASMR, bálsamo labial suntuoso, regalos pequeños pero detallistas de los amigos
- **No le gusta:** sentirse ignorado, hacer la compra, tomar decisiones de forma rápida
- *Hobbies:* volver a ver sus programas de televisión favoritos, todos y cada uno de los trabajos manuales, ¿dedicarse intensamente a un nuevo *hobby* cada dos semanas cuenta como *hobby?*

CARACOL

Los caracoles son el arquetipo de caseros, pero que eso no te haga pensar que no son curiosos. Estos pequeñines son la definición de hidratación, y es porque realmente saben cómo cuidarse. De hecho, fabrican sus propios productos para la piel (¡sí, la gente utiliza la baba de caracol para cuidarse!). Los caracoles se sienten perfectamente cómodos en casa, porque han hecho de su hogar un espacio acogedor que les hace sentirse seguros. De todos modos, les encanta conocer el mundo y, mientras se sientan seguros, pueden ser grandes exploradores. Aunque los caracoles adoran sus hogares, conocen la verdad del mundo: que el hogar está allí donde ellos están.

- **Le gusta:** almohadas blandas, pendientes novedosos, estanterías bien organizadas, cristales, tazones redondos…
- **No le gusta:** género, luces fluorescentes, aburrirse
- *Hobbies:* el cuidado de la piel, mirar casas caras por Internet, organizar cenas

LAGARTO

Los lagartos son sorprendentemente sociables para ser criaturas de sangre fría. Son igual de felices tomando el Sol o sentados en casa, siempre que tengan amigos cerca. Si eres un lagarto, para bien o para mal te encanta participar, y a menudo te encuentras en el centro de una habitación en lugar de en la esquina. Siempre que sea posible, prefieres sentirte protagonista, pero sabes que ningún reptil es una isla y también te encanta apoyar a tus amigos.

- **Le gusta:** recibir mensajes, las bolas de discoteca, las fiestas, los accesorios llamativos, los cotilleos
- **No le gusta:** estar solo, los cafés aburridos, el tráfico
- *Hobbies:* invitar a amigos a casa, grabar tutoriales de maquillaje que nunca enseñará a nadie, coleccionar cosas

AJOLOTE

Hola, bonitos bichejos. Los ajolotes son unos de los amiguitos más raros que puedes tener. Tus amigos ajolotes siempre te animarán a tomar el camino menos transitado o a probar el *hobby* que nunca te habías planteado. (¿Pero sabes qué? Resulta que eres extrañamente bueno practicando este *hobby*. Gracias, ajolote). Estas salamandras van por la vida a su aire y no suelen dejarse influir por la presión social o la opinión pública. A veces hacen las cosas a su manera, no por rebeldía, sino porque es lo único que saben hacer. Los ajolotes se benefician de amigos que confirmen sus sorprendentes elecciones de moda y apoyen sus estilos de vida poco convencionales, pero que también les ofrezcan apoyo cuando lo necesiten.

- **Le gusta:** los estampados atrevidos, todo lo hecho a mano, las luces de neón, los libros animados, los datos curiosos
- **No le gusta:** el capitalismo, las películas largas, seguir recetas
- *Hobbies:* sentarse en sillas extrañas, coleccionar libros de prensa independiente, encontrar nuevos *hobbies*

CANGREJO ERMITAÑO

Los cangrejos ermitaños son la definición de pequeñajos. Son simpáticos y extraños, y les encanta escabullirse de una forma a la vez encantadora y algo rara. Los cangrejos ermitaños son tan adorables como ansiosos, tan encantadores como nerviosos. Tienen tendencia a pensar demasiado en todo, lo que a menudo los conduce a la angustia. Los cangrejos ermitaños necesitan amigos que les recuerden que no todo es tan profundo y les ofrezcan un hombro sobre el que llorar si es necesario. Por suerte, los cangrejos ermitaños son tan dulces que les resulta fácil hacer buenos amigos.

- **Le gusta:** los sofás cómodos, la hora del té, las cajas de pañuelos, las botellas de agua reutilizables, los dulces
- **No le gusta:** madrugar, las prisas, sacar la basura
- *Hobbies:* escribir cartas a los amigos, leer novelas románticas, tener la nevera llena

SERPIENTE

Las serpientes siempre están moviéndose. Son muy trabajadoras y centradas, y se sienten mejor cuando trabajan a destajo. Puede resultar difícil convencer a una serpiente para que se relaje, pero cuando lo intente, se esforzará tanto para relajarse como lo hacía en el proyecto en el que estaba concentrado. A las serpientes les encanta tener amigos íntimos que les recuerden cuándo deben tomarse un descanso y, a cambio, los amigos de una serpiente son recompensados con una intensa atención y una lealtad que hace que la vida de todos sea mejor.

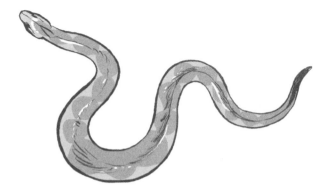

- **Le gusta:** una agenda llena, bolígrafos sofisticados, medicación para la ansiedad, encontrar una forma sencilla de realizar una tarea compleja
- **No le gusta:** un espacio de trabajo desordenado, cuando los amigos no responden a los mensajes de texto, terminar un libro que no le gusta
- *Hobbies:* los juegos de rol, acumular tés en hebras, tener vacía la bandeja de entrada del correo electrónico

Presentación: algunas ranas guais

Si has abierto este libro con la esperanza de encontrar algunos anfibios chulos, tu deseo está a punto de hacerse realidad. Algunas personas pueden ver una rana y asustarse por sus ojos saltones, su piel viscosa, su lengua estrambótica o muchos otros rasgos físicos extraños y desconcertantes que tienen las ranas. Pero los goblins saben la verdad sobre las ranas: son muy guais. De hecho, son increíblemente guais. Desde su impresionante gama de colores y apariencias hasta su destreza para saltar y su extraño croar, las ranas son animales particularmente interesantes que merecen todo el amor que podamos darles.

Como todas las ranas son tan geniales, es difícil elegir sólo un puñado para representarlas aquí como las más guais de todas. Esperamos que encuentres representada aquí tu especie de rana favorita, pero si no es así, considérala una mención honorífica. De hecho, todas las ranas son menciones honoríficas en esta lista de las ranas más guais por el simple hecho de que todas las ranas son guais. Ahora que ya se ha hecho oficial, ha llegado la hora de las ranas.

- **Rana peluda.** Hay un motivo por el que a esta rana también se la conoce como «rana horror» en el mundo anglosajón: su aspecto es espeluznante. Mirar a esta rana es como lo contrario a sentir la ASMR. Hay cosas que no están hechas para tener pelo. Aunque en realidad no es pelo, las estructuras pilosas que crecen en las ranas peludas macho son en realidad una especie de branquias para que la rana macho pueda permanecer más tiempo bajo el agua y vigilar sus huevos. Así que no te preocupes; si pensabas que el pelo era asqueroso, te alegrará saber que en realidad es un conjunto de tejidos y arterias que actúan como branquias externas. Si lo piensas bien, eso es mucho peor.
- **Ranas venenosas.** Todos los niños que alguna vez sintieron interés por los anfibios conocen a estos tipejos, los bombones del mundo de las ranas. Son pequeñas, lindas, bellamente coloreadas y salvajemente tóxicas. Hay algo muy gratificante en una criatura que es tan bonita como venenosa. Estas ranas segregan veneno por la piel, por lo que tocarlas puede tener efectos adversos. De hecho, la rana dorada venenosa está considerada uno de los animales más venenosos del planeta. Las ranas venenosas demuestran lo que todos los goblins saben: perfume bueno viene en frasco pequeño.
- **Ranas voladoras.** Si pensabas que las ranas saltarinas normales eran guais, prepárate para… ranas que pueden volar. Vale, técnicamente pla-

nean más que vuelan, pero ya es mucho. La especie de rana voladora más conocida tiene dedos palmeados y piel adicional entre los dedos para poder planear entre los árboles y saltar en paracaídas hasta el suelo. Estas ranas pueden planear hasta quince metros, algo impresionante si tenemos en cuenta que apenas miden unos ocho centímetros de longitud. Estas ranas son soñadoras: no se conformaron con caminar o saltar, así que metieron mano al problema con sus propios y pegajosos deditos. Impresionante.

- **Ranas hoja.** Como habrás adivinado, la rana hoja malaya se parece a una hoja. A estas ranas les gusta esconderse entre las hojas que cubren el suelo de la selva, un escondite perfecto para un animal que ha evolucionado para parecerse a una hoja en el suelo de la selva. Tienen dos puntas en la cabeza que parecen cuernos, lo que demuestra que estas ranas van increíblemente a la moda. En la familia de las ranas, ¿qué mejor aspecto puede tener que el de una hoja chic con cuernos? Las ranas hoja saben cómo vestirse para su entorno.

- **Bonitas ranitas chillonas.** De acuerdo, esta rana se llama técnicamente rana de lluvia del desierto, pero son monas, pequeñas y chillonas, por lo que el nombre no está equivocado. Estas dulces pequeñinas emiten un aterrador grito de guerra que suena parecido al de un juguete chirriante. Las ranas de lluvia del desierto son redondas y perfectas, pero también un poco raras, incluso para ser ranas. Viven en madrigueras en el desierto y no necesitan vivir en el agua para sobrevivir. Además, son demasiado redondas para saltar, así que se limitan a caminar. Seguro que los goblins se identifican con una rana que es adorable, perfecta y también bastante extraña.

RANITA MONEDERO

Si buscas una forma de llevar siempre contigo a tu familiar goblin, prueba a confeccionar una ranita monedero. Esta manualidad es genial porque no sólo te permite presumir de tu amor por tu anfibio favorito, sino que también es el lugar perfecto para guardar pequeños tesoros —piedras, hojas, entradas de cine, notas y, sí, incluso monedas— que encuentres a lo largo del día. Siempre es buena idea llevar encima un minitesoro de goblins, por si acaso. Lo mejor de esta manualidad es que es muy sencilla y barata de hacer. Te llevará menos de media hora confeccionarla y luego podrás pasar el resto del día llenándola de tesoros.

QUÉ NECESITAS

- ★ Un sobre cuadrado o más o menos cuadrado
- ★ Fieltro o retales de tela (preferiblemente verde o del color de las ranas)
- ★ Rotulador
- ★ Tijeras
- ★ Pistola de cola caliente
- ★ Puntos de velcro
- ★ Ojos bailones

CÓMO HACERLO

1. Despliega completamente el sobre para que quede un papel plano.

2. Coloca el sobre desplegado encima de la tela, traza la forma del sobre desplegado sobre la tela con el rotulador y recórtala. Deberías tener una forma parecida a un rombo, con una esquina cortada.

3. Gira la tela de modo que la parte inferior quede hacia arriba y la esquina plana apunte hacia ti. Dobla las esquinas izquierda y derecha una contra otra y pega las puntas justo donde se encuentran. Asegúrate de no pegar las puntas en el revés de tu tela.

4. Cubre la esquina inferior con cola y dale la vuelta para pegarla a las esquinas dobladas. (Estás reconstruyendo la forma del sobre original).

5. Pega un punto de velcro en la parte inferior de tu esquina superior y otro punto de velcro en la esquina plana, en un lugar donde todas las esquinas se encuentren.

6. ¡Hora de decorar! Pega los ojos bailones en la parte superior del monedero para que parezca la cara de una rana. Da rienda suelta a tu creatividad. Añade una lengua de fieltro o pega algo de brillantina.

7. ¡Ya está! Diviértete dando de comer a tu amiga rana todos los tesoros que encuentres en tus aventuras.

Babosos famosos

La sociedad en general no está dispuesta a reconocerlo, pero como cultura parece que tenemos un gran interés por los reptiles y los anfibios. Desde la rana Gustavo hasta las Tortugas Ninja, estos pequeñajos aparecen por todas partes en los medios de comunicación. Estamos obsesionados con estos bichos raros babosos y escamosos. Estas criaturas pueden ser un poco extrañas, un poco pegajosas y a veces incluso un poco venenosas, pero en el fondo son animales limpios y extremadamente importantes para nuestros ecosistemas. Es bueno que reciban mucha publicidad gratuita y positiva. Los goblins pueden aprender mucho de estos animales, así que vamos a hablar de algunos reptiles y anfibios ficticios y de las lecciones que nos han enseñado.

- **Rana y Sapo.** Estos dos adorables personajes de cuento tienen muchas lecciones para los goblins. Estas lecciones incluyen: por qué es importante comer muchas galletas, cómo escribir una carta a un amigo y la belleza de admirar un buen día. De todos modos, la mejor lección que enseñan Rana y Sapo es, por supuesto, cómo querer a las personas (o anfibios) más cercanas. Rana y Sapo siempre están pensando el uno en el otro, considerando las necesidades del otro además de las suyas propias y demostrando que se preocupan el uno por el otro cada vez que están juntos.

- **El camaleón camaleónico.** El héroe del libro infantil clásico de Eric Carle es un camaleón aburrido que quiere probar algo nuevo después de ver todos los grandes animales del zoo. Aburrirse y buscar algo nuevo son sin duda sentimientos que se pueden relacionar, pero la mayoría de nosotros no tenemos la capacidad de transformar literalmente partes de nuestro cuerpo en formas radicalmente nuevas. En cambio, podemos empezar a utilizar un montón de lápiz de ojos oscuro en un intento de ser góticos, o volver a rehogar las verduras en un intento de ser vegetarianos, o sólo utilizar estilos de ropa que eran populares en la década de 1960 en un intento de parecer viajeros en el tiempo y confundir a la gente mayor. El camaleón camaleónico te anima a probarlo todo, porque a veces hay que probar cosas para descubrir lo que no funciona. Claro, la moraleja final del libro es que es mejor ser uno mismo, pero ¿cómo aprende el camaleón sobre sí mismo? Probando muchas cosas nuevas. Adelante, píntate el pelo, empieza a ir en bici a todas partes y ponte sólo botas vaqueras. ¿Cómo vas a saber lo que te va bien si nunca lo pruebas?

- **La rana Gustavo.** Probablemente el anfibio más conocido de toda la cultura pop, Gustavo (conocido en Hispanoamérica como René o bien como Kermit, su nombre original) es el personaje de extremidades largas y ojos grandes de los *Teleñecos*. Le encanta tocar el banjo y resolver desacuerdos, y su mayor logro es conseguir que Miss Piggy se enamore de él. Es fácil aprender de Gustavo, porque es simpático, divertido, sensato y un compositor con mucho talento. Una de las mejores lecciones de Gustavo es que el liderazgo no siempre es intrusivo y arrollador. Como él demuestra, el buen liderazgo consiste en escuchar a la gente, disculparse cuando es necesario e intentar hacer lo mejor para tus amigos y tus compañeros de trabajo teniendo en cuenta sus sentimientos.

- **Las Tortugas Ninja Mutantes Adolescentes.** Leonardo, Raphaelo, Donatello y Michelangelo eran sólo cuatro tortugas bebé normales hasta que la exposición a residuos tóxicos las convirtió en superhéroes que luchan contra el crimen (y también en adolescentes). Las Tortugas Ninja viven en las alcantarillas de Nueva York y son conocidas por su habilidad con el *ninjutsu,* su amor por la *pizza* y su manejo totalmente radical de las palabras. Aunque las tortugas tienen que salvar constantemente Nueva York, siempre están felices y contentas. Es igual cuántas veces Shredder urda un falso plan para apoderarse del mundo; las Tortugas Ninja no sólo están dispuestas a detenerlo, sino a divertirse mientras lo hacen. En situaciones que a la mayoría de la gente le provocarían urticaria inducida por el estrés, los hermanos suelen acabar pasándoselo bastante bien y celebrándolo después comiendo *pizza*. Todos podemos aprender algo de las Tortugas Ninja. A veces las situaciones parecen aterradoras, pero una vez que te encuentras metido en ellas, no son para tanto. Quizá todos deberíamos intentar tomarnos las cosas un poco menos en serio, y podríamos sentirnos un poco más adorables.

- **Flick.** Este gamberro camaleón rojo obsesionado con los bichos del videojuego *Animal Crossing: New Horizons* siempre es un visitante bienvenido en nuestras islas ficticias. Le encanta hablar poéticamente de todo tipo de bichos y se sabe que se pierde en sus pensamientos al considerar la belleza y la grandeza de una polilla del Atlas. También es un artista de talento al que le encanta hacer réplicas de los insectos y arácnidos que le venden. (Seguro que también tiene una relación con CJ, su colega y compañero de piso, el castor entusiasta de la pesca, ¿verdad? Pues claro). Cualquiera que haya jugado a *Animal Crossing* conoce la impresionante veneración de Flick por el mundo natural, algo tan adorable como envidiable. ¿Y si todos pudiéramos pasear como Flick, dejándonos llevar por la belleza del mundo que nos rodea? ¿Y si todos nos fijáramos en lo hermosas que son incluso las partes más pequeñas e ignoradas de la naturaleza? Flick nos recuerda que debemos mantener intacto nuestro sentido maravillarnos (sobre todo cuando se trata de bichos).

- **La rana de Loveland.** ¿Cuenta un críptido como parte de la cultura pop? Por el bien de esta lista, digamos que sí. La rana de Loveland es una rana de metro y medio de altura que vive en Ohio y camina sobre sus patas traseras como una persona. Mola, ¿verdad? Sólo se trata de una rana del tamaño de un niño que se mueve por el sistema fluvial de Ohio, asustando a adolescentes y alarmando a la policía. Los goblins pueden aprender un sinfín de lecciones de este anfibio críptido, como por ejemplo cómo infundir terror en el corazón de una comunidad, cómo hacer enfadar a la policía o cómo convertirse en un icono en Ohio. Pero quizá la mejor lección que puede dar la rana de Loveland es que, por muy raro que seas, siempre hay gente ahí fuera que busca a alguien como tú. Igual que la gente de Cincinnati adora a la rana de Loveland, hay gente ahí fuera que te querrá exactamente por cómo eres.

COLEGAS INSECTOS

Así que quieres una mascota rara, pero no te interesa el catálogo habitual de ranas, lagartos y serpientes. ¿Has pensado en... los insectos? Los insectos son estupendos porque no ocupan mucho espacio y suelen ser más baratos de cuidar que los reptiles y los anfibios. Algunos insectos tienen un mantenimiento complicado, pero supongamos que empiezas con unos bichitos sencillos que no necesitan mucho más que tu cariño y tus cuidados. Aparte de los insectos, los arácnidos también pueden ser mascotas estupendas para aquellos goblins que prefieren que sus familiares tengan exoesqueletos. A continuación te describo algunos insectos ideales para principiantes.

Mantis religiosas. Hay pocos insectos más guais que una mantis religiosa. Con su color verde, sus grandes ojos, sus extraños brazos plegados y sus alas ocultas, las mantis resultan ser unas bonitas mascotas. Además, sólo necesitan un pequeño terrario con mosquitera, una capa de tierra y algunas plantas y ramas como hábitat. Sin embargo, son caníbales, por lo que no conviene tener más de una en un mismo terrario. Si mantienes a tu mantis religiosa bien cuidada y feliz, tendrás un pequeño alienígena en casa.

Insectos palo. Otro insecto fascinante que requiere poco mantenimiento es el insecto palo. Sus requisitos de hábitat son los mismos que los de las mantis religiosas, pero se alimentan sobre todo de lechuga. Imagínate tener como mascota una ramita viviente: ¿qué hay más goblin que esto? Hay que tener en cuenta que, si estos insectos se escapan de su terrario, pueden provocar un desastre ecológico en el medioambiente, así que asegúrate de que su hábitat quede bien sellado.

 **Grillos de campo.** Estos insectos musicales son mascotas geniales, siempre que te guste su chirriar. Sus requisitos de hábitat son muy similares a los de los insectos anteriores, y les gusta comer lechuga y fruta. Si tienes uno como mascota, siempre podrás dormirte con el relajante canto de los grillos.

Cuidado y mantenimiento de criaturas

Si has decidido que no sólo te gustan los amigos escamosos y babosos, sino que además quieres tener uno como mascota, te daré información sobre la mejor manera de mantener feliz a tu mascota goblin. Esta sección no va a ser la guía definitiva para tener reptiles y anfibios, pero es un buen punto de partida para que empieces a hacerte una idea de cómo sería tener un pequeño y viscoso familiar en casa. ¿Dispones de los artículos básicos necesarios para cuidar de esta mascota? ¿Sabes dónde encontrar los productos que no tienes? ¿Dispones de tiempo, espacio y capacidad mental suficientes para cuidar de una criatura que podría vivir muchos años? Éstas son sólo algunas de las cosas que debes tener en cuenta al leer esta sección. (Cuando te hayas hecho a la idea, deberías investigar un poco más, e incluso hablar con otras personas que tengan el mismo tipo de mascota, antes de meter un animal en casa). Puede que al principio te interesen las lagartijas, pero luego te des cuenta de que te adaptes mejor a un cangrejo ermitaño. ¡No pasa nada! Es genial que te plantees seriamente qué mascota podrías cuidar mejor. Al fin y al cabo, aunque estas mascotas son un poco más singulares que un gato o un perro, siguen requiriendo mucha reflexión y cuidados. Si por el motivo que sea no puedes cubrir las necesidades básicas de un animal, ese animal no es para ti. Considera esta sección como una guía inicial para saber qué criatura se adapta mejor a ti, o si por el contrario es mejor que colecciones ranas de peluche.

RANAS

ESPERANZA DE VIDA. Dependiendo de la especie, las ranas pueden vivir entre 3 y 15 años.

HÁBITAT. Como algunas ranas son totalmente acuáticas, otras terrestres y otras prefieren los árboles, deberás tener en cuenta las necesidades de cada especie a la hora de recrear su hábitat. No obstante, a continuación de comento algunas reglas generales:

- **Ranas acuáticas.** Para estas ranas, necesitarás un acuario, no sólo un terrario. Asegúrate de que tienes espacio para un acuario de al menos 40 litros, que puedes mantener el agua del acuario limpia y sin cloro, y que el agua se mantiene a la temperatura adecuada para tu rana (por lo general, en torno a 25 ºC).

- **Ranas terrestres.** La mayoría de las ranas terrestres necesitarán al menos un terrario de 40 litros, aunque el terrario no debe ser tan profundo como el acuario de una rana acuática. En la mayoría de los terrarios, deberás tener un recipiente con agua para que la rana se pueda remojar, una lámpara de calor o una manta calefactora, y un pulverizador para rociar la urna y garantizar que el espacio se mantenga a la temperatura y la humedad adecuadas. Asegúrate de poner una tapa en el terrario para que las ranas no puedan saltar fuera.

- **Ranas arborícolas.** Si decides adoptar una rana arborícola, necesitarás un terrario especial más alto que ancho, con espacio para añadir plantas, ramas y enredaderas en las que tus ranas puedan esconderse. El terrario debe tener al menos 60 litros. También necesitarás una lámpara de calor o una manta calefactora, un pulverizador para rociar la urna y garantizar que la temperatura y la humedad se mantengan constantes, y un recipiente con agua donde las ranas se puedan remojar.

DIETA. La mayoría de las ranas comen una amplia variedad de insectos en la naturaleza, pero en cautividad puede resultar complicado garantizar a las ranas suficiente variedad para que obtengan todos los nutrientes que necesitan. Por eso, independientemente de lo que les des de comer, es importante espolvorear la comida con suplementos nutritivos antes de alimentarlas; así te asegurarás de que tus ranas obtengan todos los nutrientes que necesitan para estar sanas. Asegúrate también de controlar el tamaño de las raciones. Como muchos animales, las ranas seguirán comiendo hasta que enfermen, así que de ti depende que no coman en exceso.

SALUD. No pienses en acurrucar a tus ranas, ya que no responden bien a que las cojan a menudo. Los aceites, los jabones y las lociones de las manos pueden irritar la piel de las ranas, y además algunas son portadoras de salmonela. Si vas a coger una rana, es mejor que utilices guantes de látex y te laves las manos después.

COMENTARIO. Hay muchas especies diferentes de ranas que pueden vivir en cautividad, así que infórmate bien antes de ir a una tienda de mascotas.

LAGARTOS

ESPERANZA DE VIDA. Los lagartos viven entre 5 y 50 años (sí, es cierto).

HÁBITAT. Hay un montón de lagartos diferentes con necesidades de hábitat distintas, así que investiga las necesidades de tu lagarto en particular cuando le construyas un hogar. Dicho esto, los lagartos necesitan siempre una lámpara de calor y una luz de espectro completo para mantener una temperatura constante y saludable. La mayoría de los lagartos terrestres necesitan un vivero, que es como un acuario o un terrario, pero específico para animales de sangre fría. Los lagartos también necesitan ramas, arena, corteza de árbol, musgo de turba u otros elementos ambientales para que su recinto imite su hábitat natural y les ofrezca lugares donde esconderse y trepar. Las distintas especies de lagartos pueden crecer hasta alcanzar tamaños diferentes, así que ten en cuenta el tamaño medio de tu lagarto adulto a la hora de adecuar su hábitat. Un lagarto adulto debe tener mucho espacio para moverse dentro del vivero.

DIETA. Los lagartos tienen necesidades alimentarias diferentes. Por ejemplo, algunos lagartos pueden apañarse con comida comercial para lagartos, mientras que otros necesitan presas vivas. Algunos lagartos pueden comer una pequeña cantidad de frutas y verduras, mientras que otros necesitarán comer principalmente insectos como hormigas. Al igual que sucede con las ranas, es probable que necesites complementar la dieta de tu lagarto con vitaminas y minerales para mantenerlo sano. Asegúrate de poder alimentar a tu lagarto y cubrir sus necesidades dietéticas particulares.

SALUD. Mantén el vivero de tu lagarto limpio, caliente y seguro, y asegúrate de que dispone de actividades de entretenimiento adecuadas sin que esté demasiado abarrotado. Muchas cosas aparentemente insignificantes pueden hacer que un lagarto enferme. Por ejemplo, si la humedad en el vivero no es lo suficientemente elevada, puede tener problemas de muda, y si tu lagarto no recibe una dieta rica en calcio, puede desarrollar una enfermedad ósea.

COMENTARIO. Si quieres tener más de un lagarto en un mismo vivero, investiga qué especies de lagarto se llevan bien con compañeros y cuáles no. Los lagartos que viven juntos también corren un mayor riesgo de contraer infecciones, así que tenlo en cuenta.

CANGREJOS ERMITAÑOS

ESPERANZA DE VIDA. Los cangrejos ermitaños pueden vivir más de diez años con los cuidados adecuados.

HÁBITAT. Los cangrejos ermitaños son sociables, por lo que deben vivir en grupos de dos o más, y necesitan al menos una urna de cristal de al menos 40 litros por cada dos cangrejos ermitaños. Para el sustrato, asegúrate de que haya al menos 5 cm de arena o de arena mezclada con fibra de coco cubriendo el fondo de la urna. ¡A los cangrejos ermitaños les encanta excavar! También necesitan dos recipientes con agua, uno con agua dulce y otro con agua salada. Asegúrate de que hay suficiente agua en los recipientes para que los cangrejos se puedan sumergir, pero no tanta como para que se ahoguen. Para mantener la urna del cangrejo ermitaño cálida y húmeda, compra una lámpara de calor que mantenga la urna entre 21 y 26 ºC, y rocía a los cangrejos con agua declorada todos los días. No te olvides de rociarlos, ya que de lo contrario se asfixiarán. Por último, incluye algunos lugares para que tus cangrejos ermitaños se escondan y trepen, como madera flotante, ramas huecas, plantas de plástico, cuevas o conchas.

DIETA. Los cangrejos ermitaños son omnívoros, por lo que es importante darles de comer una mezcla de cosas. Es fácil comprar comida para cangrejos ermitaños en las tiendas de animales, pero también puedes complementar su dieta con lechuga, espinacas, papaya, mango, algas, zanahorias y frutos secos. También es buena idea incluir un suplemento de calcio para reforzar el caparazón y el exoesqueleto.

SALUD. Los cangrejos ermitaños mudan con regularidad su exoesqueleto. Cuando lo hacen, se entierran bajo el sustrato y no se les debe molestar para nada hasta que termine el proceso. Puede ir bien disponer de una segunda urna en la que albergar a los demás cangrejos ermitaños durante este período, para que no interrumpan la muda. Los cangrejos también pueden pelearse por el exoesqueleto desprendido una vez terminada la muda, lo cual es otro buen motivo para tener dos urnas. Asegúrate de que un cangrejo ermitaño en plena muda mantenga la humedad, ya que esto ayudará mucho al proceso.

COMENTARIO: Tus cangrejos ermitaños necesitarán un caparazón nuevo y más grande cada cierto tiempo. Cuando uno de tus cangrejos ermitaños cambie de concha, asegúrate de que tenga otra un poco más grande para que se mude a ella.

Comunícate con las criaturas

Si has leído el último apartado y has pensado «Vaya, no estoy preparado para tener a ninguno de estos animales como mascota», no pasa absolutamente nada. ¡De hecho, es genial! Es importante que seas sincero contigo mismo, sobre todo en lo que se refiere a tu capacidad para cuidar de un ser vivo. De todos modos, que no vayas a adoptar una rana como mascota no significa que no puedas encontrar otras formas de sentirte cerca de tus amigos anfibios. Hay muchas formas de acercarte a los animales sin tenerlos como mascotas, y los goblins son grandes aficionados a aceptar lo extraño y salvaje sin necesidad de domesticarlo. Tu familiar goblin no necesita estar físicamente en tu espacio para existir en tu corazón. A continuación, te comento algunas formas de acercar a tu criatura favorita a tu vida sin tener que meterla literalmente en tu cubil.

ANIMALES DE PELUCHE. Parece la solución más obvia. Hay montones de peluches de estilos muy chulos y diferentes. Sea cual sea tu estética, seguro que encuentras un peluche de tu animal favorito que te guste. Además, muchos de los animales más adecuados para goblins no son precisamente adecuados para ser abrazados en la vida real. Si quieres acariciar una rana, lo pasarás mucho mejor con tu peluche que con una rana de verdad (y las ranas de verdad agradecerán que no intentes acariciarlas). Si quieres, ¡hazte tu propio amigo goblin de peluche! Los peluches son una forma estupenda de sentirte cerca del animal que te gusta sin tener que estar literalmente a su lado.

ACCESORIOS. Si eres el tipo de goblin que quiere mostrar abiertamente sus sentimientos, ésta es una gran opción. Representa tu amor por las criaturas dulces y viscosas con todo tipo de accesorios, desde bolsos hasta pinzas para el pelo, manicuras o joyas. Tanto si tu estilo es sencillo como si te gusta arriesgar mucho con tu *outfit,* puedes encontrar un nivel de accesorios que se adapte a ti. Si te encantan las serpientes, cómprate unos calcetines con serpientes estampadas, hazte unos pendientes con serpientes de arcilla, píntate las uñas con serpientes para mostrar tu amor al mundo... ¡o haz todas estas cosas a la vez! No hay nada malo en mostrar tus pasiones en la forma de vestir, y llevar tu animal favorito todos los días incluso puede hacerte sentir más cómodo y seguro de ti mismo. ¡Aprovecha el poder de los accesorios extraños!

ARTE. Comparte tu amor por tu criatura favorita convirtiéndola en arte. Tanto si prefieres pintar, bordar, hacer papel maché, tallar madera o simplemente hacer garabatos en tu tiempo libre, convertir en arte algo que te gusta te hará sentir más cercano a ello. Puedes dedicar tiempo a pensar en las tortugas y mirar fotos de referencia de tortugas para luego hacer arte que represente lo que las tortugas significan para ti (son tortugas hasta el final). Además, es una forma genial de compartir tu amor con el mundo. Si te cansas de dibujar tortugas tú solo, organiza una noche de manualidades y reta a tus amigos a dibujar tortugas o animales o que dibujen su animal favorito. El arte es una gran manera de crear comunidad y compartir tu talento.

DECORACIÓN. Al igual que sucede con los accesorios de tu *outfit,* la decoración es una manera genial de rodearte de recordatorios de las cosas que te gustan. Independientemente de que diseñes o compres tu decoración, llenar tu cubil con recordatorios de tu criatura goblin favorita es una forma rápida de sentir tu espacio muy tuyo. Puedes colgar pósteres de lagartos, encontrar cojines con ranas estampadas, conseguir una colcha con simpáticos cangrejos dibujados o incluso tener una *gallery wall* con temática de serpientes. Si preparas una noche de manualidades en tu casa con tus amigos, puedes pedirles que hagan una obra de arte en la que aparezca representado su animal favorito y exponerlas en tu espacio. Así, tu decoración te recordará tanto a tus criaturas favoritas como a tus mejores amigos goblins. Hay muchas formas de llevar tus intereses a tu espacio, y aunque no puedas tener una mascota, puedes llenar de amor tu guarida.

TATUAJES. Hacerse un tatuaje de tu criatura favorita supone todo un compromiso, pero según el tipo de goblin que seas, puede que sea un compromiso para el que estés preparado. ¿Qué mejor manera de demostrar tu amor por los anfibios que tatuándote uno en el cuerpo? Los tatuajes mostrarán tu compromiso con tu animal favorito y, sin duda, te harán sentir más cerca de él. Al fin y al cabo, ¿puede estar algo más cerca de ti que en tu piel? Los tatuajes también te permiten darle un toque especial a tu animal favorito. Puedes tatuarte una rana al timón de un barco, un caracol con un elegante sombrero o una tortuga con un ramo de flores asomando por su caparazón. Dependiendo del tipo de arte que se os ocurra a ti y a tu tatuador, tu tatuaje puede retratar todo tipo de cosas sobre tu animal favorito.

TIEMPO FUERA. La buena y anticuada forma de conectar con el mundo es un clásico por algo. Ya sea que decidas salir a pasear por tu barrio, hacer una excursión por un bosque o pasear por un museo o una biblioteca, hay todo tipo de formas de ver, aprender y conectar con tus criaturas favoritas. Buscar renacuajos en los arroyos cercanos puede ser una manera genial de sentirte cerca de las ranas, aunque no puedas tenerlas en casa. Leer sobre serpientes y tortugas en la biblioteca te da la oportunidad de conocer mejor a estos animales, aunque no te sientas preparado para tener uno bajo tu techo. No hace falta ser dueño de un animal para sentirse cercano a él; de hecho, si lo piensas se trata de una idea bastante capitalista. Apreciar al animal desde la distancia, en su hábitat natural, puede hacer que te sientas tan unido a él como si lo tuvieras en tu habitación. Además, ver a un animal en su hábitat natural aporta mucho más. Podemos sentirnos cerca de las cosas que nos gustan sin necesidad de estar físicamente siempre cerca de ellas.

Las criaturas están a nuestro alrededor: se arrastran por el pavimento, se escabullen bajo las piedras, dormitan en el suelo… No siempre somos conscientes de su presencia, pero siempre están ahí. Cuando nos damos cuenta de lo comunes que son estos animalitos, también podemos aceptar que ya forman parte importante de nuestra vida. Puede que en tu jardín haya una familia de ranas que empiezan a croar cada atardecer cuando se pone el Sol o que un día hayas pasado toda la tarde observando cómo un caracol se desplaza por la acera. Pueden parecer detalles sin importancia, pero en realidad son la demostración de lo entrelazadas que están nuestras vidas con las criaturas que nos rodean. ¿Seguiría pareciendo que se hace de noche si no pudieras oír esas ranas? ¿Habría sido una tarde solitaria sin ese caracol?

Cuanto más nos fijemos en estos animales a menudo ignorados, más podremos empezar a aprender de ellos. Empieza a prestar atención a las tortugas cuando pases por delante del estanque de tu zona comunitaria o fíjate en los cangrejos ermitaños la próxima vez que vayas a la playa. Afloja el ritmo. Fíjate en qué no percibiste la última vez que viste ese animal. Sigue siendo curioso y seguro que aprenderás mucho más de estas extrañas criaturas de lo que nunca pensaste que podrías llegar a aprender.

Cuanta más atención prestes, más cuenta te darás de que cada criatura tiene su propia personalidad y sus peculiaridades. No hay dos lagartos que trepen a un árbol por el mismo lugar, ni dos caracoles que se coman una hoja de col a la misma velocidad. Las variaciones pueden ser mínimas, pero las verás si prestas atención. Y cuanto más te fijes en estas diferencias, más apreciarás a cada criatura como el ser individual que es. Nunca ha habido un cangrejo ermitaño exactamente igual al que encontraste la semana pasada en ese pozo de marea, y nunca habrá otro igual. Vivir en un mundo lleno de criaturas extrañas, viscosas y de sangre fría es vivir en un mundo lleno de milagros extraños, viscosos y de sangre fría. No todo el mundo lo ve así, pero los goblins estamos orgullosos de saber que conseguimos vivir entre caracoles.

CAPÍTULO 6

El mercado goblin

Transforma los productos
recolectados en pociones
y golosinas

Estás buscando una forma maravillosa de entrar en contacto con la naturaleza y conocer el entorno en el que vives? ¡Limítate a buscar comida! Busca y recolecta alimentos en la naturaleza. En lugar de ir al supermercado a por cebollinos, por ejemplo, puedes investigar si hay cebollas silvestres cerca de tu casa. Es una manera genial de descubrir la flora local y de conocer mejor el ecosistema que te rodea. Cuando empieces a prestar atención a qué plantas florecen y qué hierbas crecen en los distintos biomas, empezarás a ver patrones en el funcionamiento de la naturaleza, y cosas que antes te parecían misteriosas de repente te resultarán familiares.

Tanto si vives en una zona rural como en una urbana, existen maneras de incorporar la búsqueda de alimentos a tu vida: desde ir al bosque en busca de plantas útiles hasta cultivar las tuyas propias, hay muchas formas de buscar comida. La búsqueda de comida es perfecta para el estilo de vida goblin, ya que incorpora muchos rasgos goblin diferentes. Puede ser una excelente manera de salir a la naturaleza y aprender cosas sobre el mundo natural, es gratis y abordable, es una forma divertida de ensuciarse las manos, puede ayudarte a ser más autosuficiente y es una extensión natural de recolectar y compartir tesoros interesantes. Buscar comida es, básicamente, coger una hoja fresca y metértela en el bolsillo, salvo que la hoja sea de albahaca o tomillo, o tal vez de escaramujo o lavanda, y el bolsillo es tu despensa.

La búsqueda de comida también puede ser un buen complemento a la compra. Puede que no tengas tiempo o sitio para cultivar *todos* los alimentos en tu piso, pero puede ser buena idea complementar los alimentos que compras con los que cultivas o los que encuentras por tu cuenta. Además de reducir la factura de la compra, es menos probable que te expongas a los pesticidas presentes en las verduras cultivadas comercialmente. Además, habrá menos envases si cultivas tus propios alimentos o buscas alimentos que crecen de forma natural en la naturaleza. Por otra parte, los alimentos que recoges tú mismo siempre saben un poco mejor que los que compras. De nuevo, nadie te está diciendo que montes una granja en el jardín de tu casa, pero es increíble la diferencia que puede suponer incluso cultivar una pequeña porción de alimentos.

Pero tal vez el mayor beneficio de la búsqueda de comida sea la conexión que fomenta entre los goblins y su entorno. Es fácil no sentirse conectado a la naturaleza si vives en una zona urbana o incluso suburbana. Salir en la búsqueda de comida te recuerda que la naturaleza está a tu alrededor y que puedes conectar con ella de una manera mucho más fácil de lo que creías. Llevar hierbas y verduras a tu espacio, aprender qué plantas de tu entorno son secretamente comestibles y cocinar con productos que has cultivado y encontrado tú mismo son maneras geniales de restablecer tu relación con el mundo natural. Cuanta más comida busques, más aprenderás sobre tu entorno y más fuerte será tu vínculo con la naturaleza. Formas parte del mundo natural, y buscar comida te ayudará a ver esta conexión y a comprender el equilibrio y los ecosistemas que nos rodean a todos.

Cómo buscar comida en bosques y espacios verdes

Así pues, vives cerca de un bosque o de un espacio verde y quieres empezar a aprovechar las grandes oportunidades de búsqueda de comida que se te presentan. ¡Genial! Con un poco de preparación y de planificación, es fácil empezar a buscar comida. Va bien hacer un poco de trabajo previo para saber exactamente lo que buscas. ¡Tampoco querrás salir a recoger mil dientes de león si sólo necesitas cinco! Deja algunos dientes de león para otras personas, animales y bichos que los necesiten. No seas malgastador, recoge sólo lo que necesites. Confecciona un plan antes de salir para que puedas buscar comida de la forma más respetuosa tanto con tus necesidades como con las de tu entorno. A continuación te ofrezco algunos consejos para aprender a buscar comida.

- **Averigua qué plantas comestibles hay cerca de ti.** Para encontrar plantas comestibles en tu zona, infórmate en Internet, en la biblioteca, en un jardín botánico o en un invernadero local. Incluso es posible que el jardín botánico u otro espacio similar ofrezca clases sobre qué plantas buscar cerca y cómo y cuándo buscarlas.
- **Lleva una guía.** Siempre es una buena idea llevar encima algún tipo de guía sobre la flora comestible local, ya que muchas flores, bayas y plantas se parecen entre sí. Si puedes, pide ayuda a un experto que te enseñe a buscar comida la primera o las dos primeras veces que lo intentes. ¡Recuerda que debes tener mucho cuidado con aquellas plantas comestibles que se parecen mucho a otras que son venenosas!
- **Vístete para buscar comida.** Puede ser muy tentador abrazar el romanticismo de vestirse como un charlatán de feria renacentista para ir a buscar tu botín a la naturaleza, pero irás mucho mejor si llevas calzado cómodo y ropa con la que puedas moverte. Al fin y al cabo, no querrás manchar mucho de barro tu atuendo goblin. Si sales a buscar comida, lleva ropa que te permita moverte bien y te proteja de las inclemencias del tiempo.
- **Averigua qué debes evitar.** Infórmate sobre los peligros que puede haber en un bosque cercano. Puede tratarse de garrapatas, serpientes, osos,

mosquitos o incluso plantas agresivamente espinosas o urticantes. Dedica tiempo a investigar para poder reconocer estos peligros nada más verlos. Asegúrate también de tomar las precauciones necesarias, si las hay (por ejemplo, no dejar la piel expuesta a las garrapatas, hacer ruido al avanzar por el bosque para ahuyentar a osos o ciervos).

- **Lleva las herramientas adecuadas.** Hay un montón de herramientas especializadas que puedes utilizar cuando busques comida; por ejemplo, los recolectores de bayas: unas garras metálicas que puedes rastrillar a través de un arbusto para recoger todas las bayas. Si te facilitan la vida, ¡aprovéchalas todas! Pero lo más probable es que lo único que necesites sea una guía, algo donde guardar lo que encuentres y, por supuesto, una vestimenta adecuada. Para guardar lo que recojas, puedes utilizar un cubo, una bolsa vieja de la compra, una fiambrera, un cuenco; básicamente cualquier cosa que no te importe ensuciar un poco y cargar con ella durante un rato. (O consulta el apartado «Un recipiente rápido y sencillo para guardar la recolección» para aprender a hacer tu propio recipiente).

- **Esquiva las setas.** Este libro no te explicará cómo buscar setas, ni te animará a hacerlo. Es demasiado arriesgado. Aunque dispongas de una buena guía de setas, hay muchas que se parecen mucho y algunas son realmente peligrosas. Si eres un aficionado a las setas, considera la posibilidad de cultivar las tuyas propias en lugar de buscarlas en la naturaleza. (Puedes cultivarlas en un viejo tronco de aspecto guay en tu cocina, ¡así que también sirven de decoración!). Si aun así te empeñas en buscar setas, enseña las que encuentres a algún experto en micología para que las evalúe; no está de más tener una segunda opinión antes de comer tus setas, sobre todo si eres un simple aficionado y la otra opinión es la de un profesional. Resumiendo: a menos que seas un experto, no recojas setas silvestres y cultiva las tuyas propias.

(Y si eres un experto en hongos, enhorabuena por las elecciones que has tomado a lo largo de tu vida que te han llevado a seguir una trayectoria tan genial).

UN RECIPIENTE RÁPIDO Y SENCILLO PARA GUARDAR LA RECOLECCIÓN

Si vas a salir mucho a buscar comida, intenta hacer este recipiente. Es increíblemente fácil de hacer y te durará años. Además, está hecho con materiales reciclados, lo que es una gran ventaja para los goblins. Llénalo de bayas o de verduras, enjuágalo y utilízalo siempre para transportar todos tus tesoros cuando salgas a buscar comida.

QUÉ NECESITAS

- ★ Un rotulador
- ★ Una botella de leche de plástico vacía
- ★ Tijeras o cúter
- ★ Unos 90 cm de cuerda fina
- ★ Pintura, pegatinas u otros adornos (opcional)

CÓMO HACERLO

1. Traza con el rotulador una línea inclinada desde justo encima del asa de la botella hasta aproximadamente un tercio o la mitad de la parte delantera de la botella. Traza una línea con la misma inclinación en el otro lado de la botella y une las líneas en la parte delantera de la botella.

2. Con las tijeras o el cúter, corta la botella siguiendo las líneas que acabas de dibujar.

3. Enrolla la cuerda alrededor de tu cintura y fíjala con un nudo simple. (Consulta el apartado «Enhebra una aguja» para ver una explicación de cómo hacer un nudo simple).

4. Ata el otro extremo de la cuerda al asa de la botella. Quieres que la cuerda descanse alrededor de tu cintura, así que asegúrate de que la cuerda esté lo suficientemente apretada, pero no demasiado como para que te moleste.

5. Corta la cuerda si es demasiado larga.

6. Si quieres, decora el recipiente dibujándolo o pintándolo, o pegando adhesivos. (Puede que acaben decolorándose, pero eso sólo significa que puedes volver a decorarlo).

7. ¡Ya está! Ahora tienes un recipiente que te acompañará allí donde tú vayas sin que tengas que usar las manos, y en el que cabrán un montón de cosas que recojas.

Nueve plantas que no sabías que podías comer

Si alguna vez buscas algo especial y natural que añadir a tu receta favorita, no tienes que ir más allá de tu jardín. Hay montones de plantas comestibles, y probablemente nunca te habías dado cuenta de que muchas de las que crecen en tu jardín o en los bosques cercanos son realmente comestibles. Si quieres hacer té o mermelada, o añadir un sabor o un color sorprendentes a tu plato favorito, es probable que encuentres justo lo que necesitas en la puerta de tu casa, sin necesidad de ir al supermercado. ¡Ése es el poder de la búsqueda de alimentos!

Antes de hablar de estas plantas mágicas y comestibles, es importante que seas precavido cuando busques plantas que piensas consumir. Muchas plantas seguras tienen su doble tóxico. No querrás ponerte enfermo ni poner a tus amigos en un problema, así que asegúrate de llevar contigo una buena guía y, una vez más, considera la posibilidad de mostrar lo que recolectes a un experto antes de comértelo. También ten en cuenta que, al igual que ocurre con los productos que adquieres en el supermercado, nunca sabes a qué puedes acabar siendo alérgico. Por último, has de saber que la toxicidad del suelo y la posible exposición a pesticidas pueden convertir una planta deliciosa en otra peligrosa. Ten todo esto en cuenta cuando busques comida y serás un goblin seguro y feliz con la despensa llena.

- **Kelp.** Las algas se comen en muchos lugares, es evidente, pero quizá no te hayas parado a pensar que el kelp, un alga laminarial, también es comestible. (Vale, quizá sí si comes mucha comida china, japonesa o coreana. Pero lo que es de conocimiento común para una persona puede ser totalmente nuevo para otra, y esta lista celebra este hecho). Si vives cerca de la costa, prueba a sacar un trozo de alga kelp del agua: ¡puedes cortarla y comerte todas las partes! Seco, el kelp está muy bueno, pero también se puede encurtir, hacer pasta, añadir a las ensaladas y comer de muchas otras formas. Es increíblemente rico en nutrientes y también es muy bueno para el medioambiente. ¿Para qué no sirve el kelp?

- **Ortiga.** Aunque hay que tener cuidado al buscar ortigas (son urticantes, palabra que deriva de *urtica*, «ortiga» en latín), esta planta tiene muchas aplicaciones culinarias. Al principio hay que llevar guantes para manipularlas, pero una vez expuestas al calor, dejan de picar. Puedes usar las hojas en ensaladas, en sopas, en *pizzas* o incluso como ingrediente principal  del pesto. Las ortigas son un alimento especialmente inesperado y gratificante.

- **Espadaña.** La espadaña es una planta que tendrás que recolectar en una época específica de su ciclo de crecimiento, porque querrás evitar llevarte a la boca un puñado de pelusa de espadaña (o al menos, *probablemente* querrás evitar llevarte a la boca un puñado de pelusa de espadaña; en última instancia, la elección depende de ti). Si se recolectan las espadañas cuando aún están verdes, se pueden comer cocidas o crudas, o incluso asadas como si fueran mazorcas de maíz. Las raíces y el polen también se pueden utilizar en recetas, lo que convierte a la espadaña en otra planta deliciosamente variada.

- **Rosal silvestre.** Los rosales silvestres son tan sabrosos como hermosos, lo cual es mucho decir, porque son realmente bellos. A finales de otoño, los rosales dan un fruto llamado escaramujo que tiene un ligero sabor ácido.

Los escaramujos se pueden utilizar para hacer jalea, bebidas o té, y aportan un agradable sabor afrutado en una época del año en la que no hay muchos otros sabores afrutados. Y, por supuesto, las flores de los rosales silvestres también se pueden utilizar para aportar un impresionante color rosa a muchas comidas si quieres preparar algo bonito.

- **Brotes de helecho.** Estas verduras rizadas y únicas se forman en las copas de los helechos avestruz sólo durante unas pocas semanas al año, así que si quieres recolectarlos, ¡no te olvides de marcar el calendario! Los brotes de helecho se pueden saltear como guarnición de cualquier comida. También puedes asarlos, freírlos, añadirlos a una ensalada, marinarlos…, las opciones son infinitas (y todas ellas deliciosas). Eso sí, ¡no los comas crudos!: los helechos avestruz pueden provocar intoxicaciones alimentarias si se consumen crudos. Si recolectas tus propios helechos, limítate a los de esta especie *(Matteuccia struthiopteris)*, ya que otras variedades pueden ser tóxicas.

- **Cardo mariano.** No te engañes pensando que el cardo mariano es sólo una bonita flor morada. También se puede convertir en un delicioso tentempié y se utiliza desde hace siglos como tónico para los problemas de hígado. ¡No todas las flores tienen tanto poder! La mayoría de las partes del cardo mariano se pueden comer, desde la inflorescencia hasta las hojas y el tallo, pero son las semillas de esta planta las que tienen más aplicaciones. Tuesta las semillas y cómetelas entre horas, o machácalas para convertirlas en un condimento o incluso en un sustituto del café.

- **Agujas de pino.** Sí, es cierto: ¡las agujas (las acículas) de pino son comestibles! Probablemente no te apetezca masticar la rama de un árbol, pero las agujas de pino se pueden remojar en crema o en sirope de azúcar para aportar a tu comida un sabor dulce, picante y con infusión de pino. Utiliza el sirope de pino o la crema de pino en los postres para convertir un dulce normal en algo verdaderamente especial. (¿Qué puede haber más goblin que un postre aromatizado con agujas de pino recolectadas?).

- **Reina de los prados.** Todo lo que puede hacer la flor de saúco, lo hace mejor la reina de los prados o ulmaria. Antaño esta hierba era muy apreciada por sus efectos medicinales, pero hoy en día es más fácil encontrarla como complemento dulce y sabroso de licores, hidromieles y tés. Si quieres preparar a tus amigos un cóctel inolvidable, prueba a hacer una infusión de sirope de azúcar con ulmaria o simplemente prepara tu propio licor con esta fragante flor.

- **Corteza de árbol.** La corteza de muchos árboles es comestible, siempre que se recolecte la corteza interior y no la exterior. Debe recolectarse con cuidado, ya que puede dañar al árbol. Pero si tienes cuidado y coges la corteza adecuada, ¡tendrás un gran tesoro! La corteza se puede utilizar para hacer té, molerla para hacer harina, convertirla en aceite o ungüento, o incluso cortarla en tiras y hervirla para hacer una pasta apta para aquellas personas que les gusta buscar su propia comida. Eso sí, antes de recolectarla, asegúrate de buscar árboles cuya corteza que sea comestible.

CROCANTE DE BELLOTA

Si estás preparado para poner a prueba tus habilidades de buscador de comida, empieza por preparar crocante de bellota con las bellotas que has recolectado. Es divertido y fácil de elaborar, y hará que todos tus amigos exclamen: «Espera, ¡¿has hecho esto con bellotas?!».

QUÉ NECESITARÁS

- ★ 1–1¼ tazas de bellotas
- ★ 1–1¼ tazas de azúcar extrafino (el azúcar granulado también puede funcionar si es lo que tienes)
- ★ Una toalla
- ★ Un mano de mortero o un martillo
- ★ Una olla lo suficientemente grande para que quepan todas las bellotas
- ★ Un cazo
- ★ Una bandeja de horno forrada con papel para hornear

CÓMO HACERLO

1. Antes que nada, revisa las bellotas y descarta las que no estén en buen estado. Las bellotas buenas tienen buen aspecto, pesan un poco y parecen limpias y pulidas. Las bellotas en mal estado pueden pesar muy poco, ser demasiado pequeñas y descoloridas, carecer de brillo o estar llenas de agujeros de in-

sectos. Tira las bellotas en mal estado (a ser posible en un compostador) y quédate con las buenas.

2. Pon una toalla sobre una superficie resistente y extiende un puñado de bellotas encima. Dobla la toalla por la mitad para tapar las bellotas. Coge la mano de mortero o el martillo y empieza a golpear con la suficiente fuerza para partir las cáscaras de las bellotas. Cuando hayas terminado, recoge la parte comestible del interior, desecha las cáscaras y repite el proceso de nuevo hasta que hayas pelado 1–1¼ tazas.

3. Lixivia las bellotas; es esencial para eliminar los taninos que tienen un sabor amargo y podrían hacerte sentir mal. Para ello, llena una olla con las bellotas y agua, y llévala a ebullición. Cuando el agua hierva, viértela, vuelve a llenar la olla con agua y llévala de nuevo a ebullición. Repite este proceso hasta que el agua salga clara.

4. Vierte el azúcar en un cazo y caliéntalo a fuego lento, removiendo constantemente. El azúcar se quema con facilidad, por lo que debes vigilar de cerca este proceso. Evita que te caiga azúcar caliente sobre la piel.

5. Cuando el azúcar se derrita y adquiera un color marrón oscuro, incorpora tus bellotas y sigue removiendo hasta que las bellotas queden bien mezcladas con el azúcar.

6. Retira el cazo del fuego y vierte con cuidado la mezcla sobre una bandeja de horno forrada con papel para hornear. Utiliza la cuchara o una espátula para repartir homogéneamente la mezcla por toda la bandeja.

7. Deja que la bandeja se enfríe. Cuando la masa se haya endurecido, ¡ya estará!

Tu botiquín silvestre

Si buscas algo más útil que una planta normal, estás de suerte. Hay muchas plantas silvestres con finalidades medicinales que pueden aliviar el dolor de forma natural, tratar afecciones cutáneas, aliviar las náuseas y muchas otras cosas. ¿Son tan potentes como los fármacos con receta o incluso los de venta libre? No, pero si prefieres tratar enfermedades leves de forma natural, estas plantas pueden ayudarte. A veces incluso es divertido saber qué hierbas pueden aliviar el dolor de cabeza. A todo el mundo le gusta sentirse un poco brujo.

> ¿Sabías que hay muchos tipos de plantas que se han utilizado históricamente como abortivas? En el pasado, las mujeres embarazadas utilizaban todo tipo de plantas para inducir el aborto. Es casi como si el aborto fuera tan natural como las propias plantas.

Ten en cuenta que los tipos de plantas medicinales que crecen en tu entorno pueden diferir de las que se mencionan a continuación, ya que especies de plantas diferentes crecen en lugares diferentes (¡quién lo iba a decir!). Aunque aquí se cubren distintas biomas, las plantas que están a tu disposición en tu zona pueden ser otras, y sin duda hay muchas más plantas medicinales que crecen cerca de ti de las que puedo enumerar de forma exhaustiva en este libro. Investiga un poco sobre tu flora local antes de empezar a buscar este tipo de plantas. Es una forma genial de conectar con tus vecinas las plantas y con la comunidad vegetal en general.

Otra nota importante: estas plantas son geniales, pero no reemplazarán las maravillas de la medicina moderna. Si padeces una enfermedad grave, no sustituyas la medicación prescrita por remedios naturales. Además, si quieres empezar a utilizar cualquiera de estos remedios vegetales con regularidad, habla antes con tu médico sobre cómo pueden afectar a tu organismo o cómo pueden interactuar con tus otros medicamentos. El hecho de que estas plantas sean naturales no significa que no tengan efectos adversos. Por último, ten en cuenta cualquier alergia que puedas tener antes de sumergirte en el mundo de las plantas medicinales. Sería una mala jugada preparar un té curalotodo y acabar con urticaria.

- **Aloe vera.** Esta planta del desierto es popular por su capacidad para tratar quemaduras. Corta un trocito de hoja de aloe vera y frota el gel de su interior sobre una quemadura, o frótalo sobre una quemadura solar varias veces al día, y tu quemadura mejorará en un santiamén.
- **Cúrcuma.** La raíz de la cúrcuma es bien conocida por sus propiedades antiinflamatorias y antioxidantes cuando se utiliza como ingrediente. Preparar una infusión de raíz de cúrcuma es otra forma sencilla y deliciosa de obtener los beneficios antiinflamatorios de esta planta. La fermentación de la cúrcuma hará que sus efectos sean aún más potentes, y además se cree que la cúrcuma fermentada mejora la función hepática.
- **Manzanilla.** La manzanilla es otra planta medicinal que se puede tomar en infusión. Puede utilizarse para tratar el insomnio y los síntomas leves de ansiedad, ya que suele tener un efecto calmante y somnífero. Es probable que preparar una taza de infusión de manzanilla antes de acostarse te ayudará a dormir mejor.
- **Matricaria.** Esta bonita flor se ha utilizado durante centenares de años para tratar los dolores de cabeza. Consumir cualquier parte área de la

planta puede aliviar el dolor de cabeza y las migra-
ñas, aunque tomar matricaria de forma regular y dejar de tomarla de repente puede hacer que el dolor
de cabeza reaparezca. Secar esta planta y utilizar las
hojas para preparar una infusión es una forma calmante de tratar el dolor de cabeza.

- **Jengibre.** El jengibre no sólo es delicioso, sino que también es muy útil
  como tratamiento contra las náuseas. El jengibre puede aliviar las náuseas
  provocadas por el movimiento, las náuseas al despertar o las náuseas rela-
  cionadas con un tratamiento médico. Tómalo crudo, seco, en infusión…
  hay muchas formas de incorporar un poco de jengibre medicinal a tu día
  a día para aliviar las náuseas.

- **Milenrama.** Esta planta es un poco como una panacea, ya
  que se ha utilizado tanto interna como externamente
  para tratar todo tipo de problemas, desde dolores de
  muelas hasta fiebres y diarrea, pasando por cicatrizar heridas. Casi todas las partes de esta planta se pueden utilizar para curar algo. Puedes tomar milenrama seca, en infusión o como cataplasma sobre una herida. Esta planta
  milenaria tiene mucho que ofrecer.

Guía para buscar comida para un goblin de ciudad

Quizás hayas leído este capítulo y hayas pensado «Todo esto parece genial,
¡pero yo vivo en la ciudad! ¿Puedo seguir buscando comida si no tengo mucho acceso a espacios verdes?». No te preocupes, dulce goblin de ciudad, pue-

des seguir buscando comida a tu antojo, pero tu estilo de búsqueda y los tesoros que encuentres probablemente sean un poco diferentes. Para los goblins de ciudad, la búsqueda de comida puede implicar más huertos en la encimera de la cocina o aprovechar los balcones como espacios donde cultivar pequeñas selecciones de alimentos. También puede consistir en llevar siempre encima una bolsa de la compra reutilizable, por si encuentras algo interesante durante el trayecto. Buscar comida en la ciudad requiere algo más de creatividad, pero esto no significa que no sea posible. De hecho, los goblins son especialistas en buscar comida dentro de la ciudad, ya que les encanta ser creativos y estar atentos a las cosas interesantes. Al fin y al cabo, ¿qué es buscar comida sino buscar tesoros? En esta sección encontrarás un montón de ideas para recoger (y cultivar) plantas en la ciudad. Si no tienes acceso a un espacio verde, ¡crea el tuyo propio! Si quieres tener alimentos frescos a mano, cultívalos en tu piso. Si te gusta salir a buscar plantas comestibles inesperadas, también puedes hacerlo. Los goblins de ciudad son tan capaces de buscar comida como cualquier otro tipo de goblin.

ECOLOGÍZATE: CÓMO ACCEDER A LOS ESPACIOS VERDES

Por desgracia, vivimos en una sociedad capitalista. Esto significa que el acceso a los espacios verdes puede verse gravemente limitado en función de los ingresos, la geografía, el racismo medioambiental y otros factores que, en su mayoría, se reducen al dinero. (Por racismo medioambiental se entiende la forma en que la política medioambiental y los problemas de infraestructura perjudican de manera desproporcionada a negros, indígenas y otras personas de color, como en el caso de Flint, Michigan, una comunidad principalmente negra, que se quedó sin agua potable durante años). Por culpa de esto, muchas personas que viven en ciudades tienen un acceso bastante insignificante a la vegetación, lo que es malísimo por muchas razones, pero para nuestros propósitos es malísimo porque limita las posibilidades de búsqueda de comida. De todos modos, hay formas de crear más espacios verdes cerca de ti. A continuación, te comento algunas ideas sobre cómo mejorar tu vida mejorando tu acceso a la naturaleza.

Únete a un huerto comunitario o crea uno. Antes de decidirte a crear tu propio huerto comunitario, investiga un poco y entérate de si ya hay alguno en funcionamiento cerca de ti. ¡No hace falta que crees tu propio huerto si en tu zona ya hay uno en perfecto estado! Si en cambio no encuentras ningún huerto comunitario local, puedes plantearte crear uno. Crear un huerto comunitario no es fácil, pero si tienes tiempo y recursos, puede suponer una importante aportación a tu zona. No es un proceso que se haga de la noche a la mañana y requiere trabajo: hay que calibrar el interés de la comunidad, organizar reuniones con las personas interesadas, encontrar subvenciones, informarse sobre la legislación local en materia de alquiler o de compra de espacio para huertos, elegir, comprar y preparar un terreno, y posiblemente muchas cosas más. Pero si te ves capaz de hacerlo, ¡adelante!

Si no puedes encontrar la manera de que tu huerto comunitario sea gratuito para todos los que lo utilicen, ¡no empieces uno! Estos huertos suponen una forma genial de combatir la inseguridad alimentaria y aumentar el sentimiento de comunidad en una zona, pero si la gente tiene que pagar por utilizar tu huerto, en el fondo no estás ofreciendo ninguna de las dos cosas: sólo estás creando más terreno privado.

Convierte tu piso en un invernadero. Busca plantas que crezcan bien en interiores y empieza a mantener las tuyas en el alféizar de la ventana, en la encimera de la cocina o en el balcón. Tanto si quieres cultivar unas pocas hierbas aromáticas como si prefieres algo más grande, como tomates o limones, hay muchas plantas que crecen bien en interiores. Si no tienes buena mano con las plantas, empieza por algo fácil de cultivar (y difícil de que se muera), como menta o un árbol de calamansí. Y sí: ¡cuenta como búsqueda de alimentos si los has cultivado tú mismo!

Acude a los parques públicos. Puede que no te hayas parado a pensar en el potencial que tiene tu parque en materia de comida. En un paseo por el parque puedes encontrar bellotas, dientes de león, rosales silvestres e incluso espadañas, todas ellas plantas comestibles que puedes encontrar sin salir de la ciudad. Fíjate la próxima vez que vayas al parque a pasear o de pícnic, y puede que encuentres más plantas de las que te imaginabas. Eso sí, infórmate bien de la normativa local sobre recogida de plantas en parques públicos antes de hincarle el diente.

Fíjate en la vegetación decorativa. La mayoría de los urbanistas se aseguran de incluir un puñado de árboles, de arbustos o de plantas de flores cuando diseñan una ciudad. Aunque no haya un parque cerca de tu casa, puede que haya una calle con una hilera de árboles o arbustos. En lugar de despreciar este verdor como algo puramente estético, tómate el tiempo necesario para identificar exactamente de qué plantas se trata. Aunque se hayan plantado con fines decorativos, estas plantas también pueden ser muy útiles a la hora de proporcionar comida.

Si bien no hay legislación al respecto, el conocido como «injerto de guerrilla» es una forma ingeniosa e interesante que tienen algunas personas en las ciudades de combatir la inseguridad alimentaria. El injerto de guerrilla consiste en injertar ramas de árboles frutales y de frutos secos en árboles no comestibles ya existentes en las ciudades. De este modo, los árboles plantados empiezan a producir alimentos en las ramas injertadas.

¿UN JARDÍN? ¿EN EL INTERIOR? ES MÁS SENCILLO DE LO QUE CREES

Así que quieres convertir tu piso en tu propio huerto, pero no sabes por dónde empezar. No te preocupes, porque sea cual sea tu nivel conocimientos sobre jardinería, hay una planta de interior ideal para ti. Tanto si eres un crac de la jardinería como un novato, las siguientes plantas son excelentes para cultivar en casa. ¡Y cuando lo tengas todo plantado, ¡podrás recoger comida hasta saciarte sin tener que abandonar tu cubil!

- **Cualquier planta aromática.** Si acabas de empezar, las plantas aromáticas son una gran elección para el huerto de tu piso. Son resistentes, de crecimiento rápido y fáciles de cuidar, y no hay mejor ingrediente para una comida que unas hierbas aromáticas recién recolectadas. Prueba a cultivar tomillo, albahaca, menta, romero, perejil, orégano… Además, cultivar plantas aromáticas hará que tu piso huela de maravilla.
- **Setas de ostra.** Aunque hay bastantes especies de setas que son fáciles de cultivar en interior, las setas de ostra son sencillas (y deliciosas). Puedes

mantenerlas en un lugar cálido, húmedo y oscuro (debajo del fregadero, por ejemplo) y pueden crecer sobre cualquier sustrato, desde paja hasta posos de café. Si eres nuevo en el cultivo de setas, también puedes comprar un kit de cultivo de setas que incluirá todo lo que necesitas para cultivar hongos felices.

- **Melisa.** Si buscas plantas sencillas y medicinales para tener dentro de casa, la melisa es una gran opción. Es tan fácil de cultivar como cualquier otra hierba, pero tiene la ventaja añadida de ser buena para el aparato digestivo. Si tienes dolores de estómago a menudo, se trata de una planta estupenda y fácil de tener en casa.

- **Microverduras.** Estos brotes diminutos contienen una gran cantidad de vitaminas y minerales, y son fáciles de cultivar en interiores. Crecen bien, incluso con poca luz, y no necesitan mucho mantenimiento. Todo lo que necesitas es un poco de espacio en el alféizar de tu ventana, ¡y podrás hacer germinar y cosechar microverduras en un abrir y cerrar de ojos!

- **Lavanda.** Esta planta cumple una doble función como planta comestible y medicinal. Puedes secar las flores de lavanda para aportar un sabor floral a tus bebidas y postres, o incorporarlas a tu baño para calmar el dolor muscular. También puedes aplicar el aceite de lavanda también por vía tópica para curar heridas y afecciones cutáneas, o bien lo puedes inhalar para obtener un efecto calmante. ¡Son muchos beneficios para una planta que puedes cultivar en tu cocina!

PLANTAS COMESTIBLES EN ZONAS URBANAS

Te sorprenderá saber cuántas plantas comunes son comestibles y es más que probable que pases junto a más de una de estas plantas comestibles durante tus desplazamientos cotidianos. Cuando tengas claro qué hierbas, árboles y flores están maduros para ser recolectados, empezarás a ver tu ciudad con otros ojos. En lugar de ser un lugar frío, gris y antinatural, una ciudad puede convertirse en un paraíso inesperado para aquellos buscadores con conocimientos que saben qué buscar. El hecho de que una ciudad no tenga los mismos espacios verdes que un barrio periférico o una zona rural, no significa que no puedas dar rienda suelta a tu lado goblin y convertirte en un experto recolector (siempre que busques en espacios públicos y no en los patios de tus vecinos). ¡Feliz cosecha!

- **Dientes de león.** Seguro que de niño pasabas mucho tiempo arrancando dientes de león, haciendo coronas de flores de diente de león o soplando semillas de diente de león para pedir deseos. Pero ¿sabías que los dientes de león son un alimento delicioso y nutritivo? Puedes preparar una infusión con las raíces, añadir las hojas a una ensalada, fermentar las flores para hacer vino y muchas otras ideas. Con tanta versatilidad, nunca volverás a ver los dientes de león como una mala hierba. Los dientes de león se encuentran en América del Norte, Australia, Nueva Zelanda, la India, el sur de África y muchas zonas de Europa.

- **Trébol.** Los tréboles no sólo constituyen una elegante cubierta vegetal, sino que sus flores pueden añadir un sabor suave, dulce y floral a infusiones, gelatinas, jarabes, bebidas, etc. Hierve a fuego lento las flores con un poco de agua y utiliza la reducción resultante en lo que quieras. El trébol rojo puede incluso secarse y molerse para hacer harina. ¿Quién iba a pensar que estas florecillas tuvieran tanto potencial? El trébol se encuentra en casi todas partes, excepto en el Sudeste Asiático y Australia.

- **Pamplina.** Esta supuesta mala hierba es fácil de encontrar y contiene una enorme cantidad de nutrientes, ejemplo de que las malas hierbas a veces son las mejores amigas de los buscadores de comida. Las hojas y flores de la pamplina (también llamada hierba gallinera) son comestibles y pueden comerse crudas o cocidas. Añádelas a ensaladas, sopas, pastas, pestos, etc., para aumentar sus nutrientes. Esta planta se encuentra en América del Norte, Europa y partes de Asia. Ten en cuenta que en algunas partes de Estados Unidos esta planta se considera invasora, por lo que al recolectarla le estás haciendo un favor al medioambiente.

- **Acedera.** Seguro que ya has visto alguna vez esta planta, porque crece por todas partes. Tal vez la hayas visto en la cuneta de las carreteras, en un parque o creciendo entre las grietas de una acera. Pero esta planta no sólo está muy extendida, sino que también es comestible. Recoléctala a finales de primavera y principios de verano, y podrás pelar y cocinar los tallos como harías con cualquier otra verdura. Tiene un ligero sabor ácido y puede comerse cruda o cocida (o incluso en escabeche). Es la planta ideal para los recolectores urbanos. La acedera (que se conoce con otros muchos nombres comunes) se encuentra en América del Norte, Europa y Asia.

- **Bellotas.** ¿Por qué disfrutamos con la almendra, pero ignoramos la bellota, que es fácil de conseguir y rica en vitaminas? Las bellotas son un fruto seco y, si se preparan correctamente (hay que lixiviarlas para eliminar los taninos amargos, como se explica en el apartado «Crocante de bellota»), se pueden emplear para cocinar todo tipo de platos. Las bellotas tostadas son un delicioso aperitivo o un buen ingrediente para platos horneados, y la harina de bellota es popular por su sabor a frutos secos.
Los robles se encuentran en la mayor parte del territorio continental de Estados Unidos y Canadá, Asia, Europa, el norte de África y América Central y del Sur.

- **Llantén mayor.** Estas malas hierbas se encuentran por todas partes, lo que es una gran noticia para los recolectores. Las hojas del llantén mayor se pueden comer crudas o cocinadas, pero hay que asegurarse de cosecharlas en primavera, cuando son jóvenes, o de otro modo serán fibrosas y amargas y, en general, menos apetitosas. Cuando coseches algunas de estas hojas, empléalas para sustituir a las espinacas en las recetas en las que normalmente utilizas esta verdura. Seguro que el resultado te sorprenderá. El llantén mayor crece en la mayor parte de América del Norte, Asia y Europa.
- **Almez.** Los almeces suelen plantarse en las ciudades como follaje decorativo, pero los goblins buscadores de comida deben tener en cuenta que su valor va más allá de la estética. Sus bayas tienen una piel fina que rodea una semilla comestible, increíblemente rica en nutrientes. Son un aperitivo crujiente, con sabor a nuez y ligeramente dulzón. Recógelas en otoño y tendrás un delicioso tentempié o un nuevo y divertido ingrediente que probar (¡las bayas de almez se pueden utilizar para hacer leche de frutos secos!). Los almeces se encuentran de forma natural en la mayor parte de América del Norte.
- **Cenizo.** Presente en todo el mundo, el cenizo (o quinuilla) es un alimento popular e incluso codiciado en muchos países. Por suerte para los goblins de ciudad, es fácil de encontrar y de recolectar. Las hojas y las flores de esta planta son comestibles, aunque es más común consumir las hojas. Si quieres cocinar hojas de cenizo, puedes cocerlas rápidamente al vapor o saltearlas, pero asegúrate de no dejarlas demasiado tiempo al fuego, ya que son muy delicadas y se deshacen si se cocinan demasiado. El cenizo se encuentra en América del Norte y del Sur, Hawái, África, Australia y la mayor parte de Europa.

- **Amaranto.** Esta planta no sólo es muy bonita, sino doblemente útil para los recolectores. Las hojas de amaranto se pueden cosechar y cocinar en primavera y verano. Sin embargo, es durante el verano y el otoño cuando el amaranto destaca por encima de otras plantas: es la época del año en la que aparecen las semillas, lo que supone una gran noticia para los recolectores. Las semillas de amaranto son muy nutritivas y se pueden moler para obtener harina, emplearse en todo tipo de recetas y, básicamente, utilizarse igual que cualquier otro grano antiguo (piensa en la quinoa y el farro). El amaranto se encuentra en todos los continentes excepto en la Antártida.

- **Morera.** Este popular árbol produce unas bayas especialmente sabrosas que sin duda complacerán a cualquier goblin que busque su propia comida. Las moras maduras son negras con matices rojos. ¡Cuando empieces a ver moras de este color, es hora de empezar a recolectarlas! Te alegrarás de tener cerca un aporte de estas deliciosas bayas, ya que se pueden emplear de muchas maneras. Utilízalas para hacer tartas, mermelada, batidos, pasteles, sorbetes, magdalenas, etc. Lo mejor de todo es que estas bayas se pueden encontrar fácilmente en muchas ciudades. ¡Es hora de buscarlas! Aunque es originaria del centro de Asia, esta especie se encuentra en la mayor parte de América del Norte y del Sur, el sur de África y el sur de Europa.

ACEITE DE DIENTE DE LEÓN

Tanto si quieres aliviar el dolor muscular como relajar una mente ocupada, el aceite de diente de león tiene muchas aplicaciones cotidianas. ¡Recuerda que esta receta no es comestible! El aceite de diente de león es sólo para uso tópico. (Si quieres comer diente de león, prepara una infusión, gelatina o vino). Y si quieres preparar aceite con otra planta que no sea diente de león, sigue este proceso, pero sustituye los dientes de león por la hierba o la flor seca que quieras.

QUÉ NECESITAS

★ Suficientes dientes de león para llenar el recipiente
★ Un tarro o un recipiente de cristal con tapa
★ Aceite de oliva o el aceite de tu elección que pueda conservarse bien
★ Un cuchillo para untar, un palillo chino o un utensilio similar
★ Un trozo de tela
★ Una goma elástica o un cordel

CÓMO HACERLO

1. Empieza por buscar los dientes de león en un lugar que no haya sido tratado con herbicidas o insecticidas. Recolecta los dientes de león que estén en flor y amarillos.

2. Una vez en casa, lava bien los dientes de león. Corta las inflorescencias de los dientes de león, ponlas en un colador y pásalas por agua fría; después, déjalas reposar en un cuenco grande con agua durante unos 10 minutos, removiéndolas de vez en cuando con la mano.

3. Seca un poco las inflorescencias de diente de león. Para ello, colócalas sobre una toalla y cúbrelas ligeramente con papel de cocina. Déjalas así toda la noche.

4. Mete dentro del recipiente las inflorescencias de diente de león. Vierte el aceite hasta que queden cubiertas (lo ideal es dejar un espacio de menos de un centímetro entre la parte superior del aceite y la parte superior del recipiente).

5. Utiliza el cuchillo para untar para mover suavemente el aceite y liberar las burbujas de aire que se puedan haber formado.

6. Cubre la boca del recipiente con la tela y sujétala con una goma elástica. Guarda el recipiente en un lugar soleado y déjalo reposar durante dos semanas. Ten cuidado de no dejarlo mucho más tiempo o tu aceite podría empezar a enmohecerse.

7. Cuando hayan pasado las dos semanas, cuela las inflorescencias de diente de león y vierte el aceite en un recipiente limpio. Tapado (con un tapón normal) y guardado en un lugar fresco y seco, el aceite durará hasta un año.

Introducción a las plantas comestibles y medicinales

Ahora que ya tienes una buena colección de plantas útiles en tu cocina, puede que te preguntes qué hacer con ellas. Por suerte para ti, hay montones de maneras de utilizar los productos que recolectes: desde cocinar y hacer conservas hasta preparar infusiones y hacer tinturas, tus plantas cuidadosamente recolectadas pueden tener muchas aplicaciones.

En primer lugar, asegúrate de determinar qué plantas son comestibles y cuáles son medicinales: no te gustará el sabor de una ensalada con milenrama cruda y aplicar sobre la piel un puñado de moras sólo te dejará una mancha morada (algunas plantas, como el llantén y el diente de león, tienen ambas aplicaciones). No querrás que los bichos o la suciedad te echen a perder una deliciosa comida. Comprueba también si tus plantas necesitan un tratamiento especial antes de poder consumirlas (por ejemplo, las bellotas deben lixiviarse antes de cocinarlas). Cuando hayas terminado tus investigaciones y aplicado tus descubrimientos, puedes empezar a utilizar tus plantas como mejor te parezca.

Si no quieres utilizar todas tus plantas de inmediato, la forma más fácil de conservarlas rápidamente es meterlas en una bolsa de almacenamiento con cierre hermético y congelarlas. Escribe el nombre de la planta, la fecha en que la has congelado y, si quieres, cualquier proceso que tengas que hacer después de sacarla de la bolsa (como, por ejemplo, que aún no has lixiviado la planta). Cuando llenes la bolsa, intenta colocar las plantas en una capa relativamente plana: es más fácil asegurarse de que la bolsa de congelación es hermética si no tiene demasiado volumen. A continuación, aspira con la boca todo el aire de la bolsa, ciérrala y métela en el congelador. Ya está. De esta forma, los productos que has recolectado durarán unas cuantas semanas. Con este rápido método de conservación, es de esperar que te sientas lo suficientemente seguro como para probar muchas de las siguientes técnicas con tus plantas.

SECADO

Tanto si quieres hacer tus propias infusiones como si sólo quieres conservar los productos que has recolectado para que duren más, aprender a secarlos es una importante habilidad para cualquier goblin. Además, no tiene ningún misterio. En primer lugar, puedes escaldar los alimentos (hiérvelos unos pocos segundos y sumérgelos en agua muy fría con hielo) para que conserven mejor su color y su sabor. También tienes otras varias opciones. Para las frutas y verduras más grandes, córtalas en rodajas relativamente finas (no tienen que ser delgadas como un papel, pero intenta que hagan aproximadamente medio centímetro de grosor). Pon el horno a la temperatura más baja posible, idealmente unos 60 ºC, y coloca las rodajas en una bandeja para hornear. Introduce la bandeja en el horno y espera. ¡Es probable que la tarde al menos ocho horas en secarse en el horno, pero ve comprobándolo de vez en cuando!

En el caso de las plantas aromáticas, el proceso de secado es aún más sencillo. Sólo tienes que lavar las hierbas, atarlas en un ramillete y colgarlas boca abajo en un lugar seco y alejado de la luz solar directa para que se sequen al

aire. Este proceso tardará unos días, así que es buena idea meter las hierbas en una bolsa de papel para evitar que el polvo, la suciedad o los bichos se acumulen en la planta. Algunas de las plantas que mejor se secan son la lavanda, el romero, la salvia y el tomillo. Todas ellas son hierbas resistentes que difícilmente se enmohecen con rapidez y que pueden soportar estar colgadas durante días.

CONSERVAS Y MERMELADAS

No te desanimes ante la tarea de preparar tus propias conservas: es mucho más sencillo de lo que parece y muy gratificante. Sólo necesitas fruta, azúcar, tarros y tiempo. Este proceso permitirá que tus productos se conserven durante más de un año siempre que lo hagas de la manera adecuada. Antes de empezar, lava los tarros (a mano o en el lavavajillas). A continuación, calcula cuántos kilogramos de productos recolectados quieres convertir en mermelada. Una regla general es utilizar tantas tazas de azúcar como kilogramos de fruta, aunque es fácil encontrar recetas de mermelada con cantidades más específicas. Vierte la fruta y el azúcar en una olla y remueve constantemente a fuego lento hasta que la mezcla empiece a espesarse. Una vez hecho, vierte la mermelada en tarros. Es buena idea hervir los tarros (totalmente sumergidos, llenos de mermelada y tapados) durante unos diez minutos para cerrarlos herméticamente. En el caso de las conservas, el proceso es básicamente el mismo: la diferencia entre la mermelada, la jalea y las conservas estriba en el espesor del producto final y en la cantidad de fruta que contiene el tarro (la jalea se hace sólo con zu-

mo de fruta, la mermelada con trozos de fruta triturada y las conservas con frutas enteras o trozos grandes de fruta). Por supuesto, hay muchos más consejos y trucos para elaborar tu propia mermelada, pero espero que ahora te des cuenta de que no es una tarea difícil. ¡Es una forma genial de pasar el día para los goblins recolectores de comida!

Algunas frutas especialmente buenas para elaborar mermeladas y conservas son las manzanas, las ciruelas, las moras, los cítricos, las grosellas, las frambuesas y los arándanos. Esto se debe a que todas estas frutas tienen niveles elevados de pectina, que hace que las conservas se espesen al cocerlas.

TINTURAS Y EXTRACTOS

Si quieres sacar el máximo provecho de tus plantas medicinales, hacer tinturas es una gran opción. Este proceso extrae todas las propiedades sanadoras de la planta y las transforma en un extracto que se puede añadir a infusiones y a otras bebidas, o bien tomarlo directamente. Si transformas tus plantas medicinales en tinturas, también durarán más. Una cosa que hay que tener en cuenta es que, técnicamente, una tintura se hace utilizando alcohol como disolvente; el contenido de alcohol es insignificante porque cada vez se emplea una cantidad muy pequeña de tintura, pero si no quieres nada de alcohol, puedes sustituirlo por vinagre. (Esto es un extracto, no una tintura, ya que las tinturas sólo utilizan alcohol).

Puedes utilizar tanto plantas frescas como secas para elaborar una tintura. Para empezar, corta la planta en trocitos muy pequeños. Mete los trocitos dentro de un frasco, asegurándote de llenar aproximadamente la mitad del frasco. A continuación, llena el frasco con alcohol, preferiblemente con una bebida de sabor neutro como el vodka. Cierra bien el frasco y deja reposar la mezcla durante al menos seis u ocho semanas, agitándola una vez a la semana. Una vez transcurrido este tiempo, cuela la tintura en otro frasco a través de una gasa, asegurándote de exprimir hasta la última gota de líquido. ¡Y ya está! ¡Ya tienes tu propio suplemento medicinal elaborado con plantas que has cultivado o recolectado tú mismo!

Entre las plantas adecuadas para elaborar tinturas están el jengibre, la matricaria, la manzanilla, la valeriana, el ginkgo, el cardo mariano y la hierba de San Juan. Todas ellas son plantas medicinales muy útiles con un amplio abanico de usos, y echar una gota o dos de cualquiera de ellas en tu infusión nocturna te ayudará a comenzar mucho mejor el día.

CATAPLASMAS

Posiblemente se trate de la forma más sencilla de utilizar tus plantas medicinales. Una cataplasma es una planta machacada que se aplica sobre la piel para curar una herida, calmar una inflamación, aliviar un dolor muscular o conseguir un efecto similar. Para preparar una cataplasma, sólo tienes que elegir qué planta de las que has recolectado te vendrá mejor para tu dolencia, machacarla con un poco de agua tibia o fría, y aplicártela sobre la zona afectada. Si aplicas las hierbas directamente sobre la piel, puedes cubrirlas con una gasa para mantenerlas en el sitio. Si quieres hacerlo de una manera algo más «elegante», puedes llenar un paño limpio (o incluso un calcetín limpio) con hierbas, empapar el paño en agua, machacar las hierbas de su interior y sujetar el paño sobre tu herida. Es superfácil utilizar tus plantas medicinales para hacer una cataplasma, así que pruébalo la próxima vez que tengas una inflamación o dolor, ¡verás como te funciona! Algunas plantas que van muy bien para hacer cataplasmas son el jengibre, la cúrcuma, el aloe vera, el eucalipto y el diente de león. Todas ellas tienen efectos medicinales útiles para preparar cataplasmas que reducen una inflamación y alivian la artritis y el dolor por abrasión.

Buscar plantas es quizá la forma más rápida y gratificante de entrar en contacto con la naturaleza. Crea un intercambio entre tú y el mundo natural que no es una transacción capitalista, sino un auténtico intercambio de atención y comprensión. En el mundo moderno, puede resultar complicado encontrar lugares en los que interactuar directamente con la naturaleza, pero la búsqueda de alimentos nos da la oportunidad de encontrar una verdadera intimidad con la naturaleza. Cuando empieces a recolectar plantas, empezarás a fijarte en las estaciones, a cambiar un poco tus comidas según el tiempo o la época del año, a darte cuenta de cuándo crecen determinadas plantas y cuándo no. De repente, estarás en sintonía con los ciclos del planeta, de los que nos hemos distanciado tanto en una época en la que podemos encontrar fresas en el supermercado durante todo el año.

Sé respetuoso con la naturaleza que te aporta tantos alimentos. Asegúrate de aplicar las mejores prácticas de recolección, sigue prácticas limpias y sostenibles, y no recolectes más de lo que necesites. Cuando domines el tema, empieza a enseñar todo lo que sabes a los demás. Crea una comunidad de goblins amantes de la búsqueda de alimentos a los que les encante vivir de la tierra tanto como sea posible. Comparte la riqueza con tus seres queridos. Considera la búsqueda de comida como un acto de amor hacia el medioambiente, hacia ti mismo y hacia la gente que te rodea.

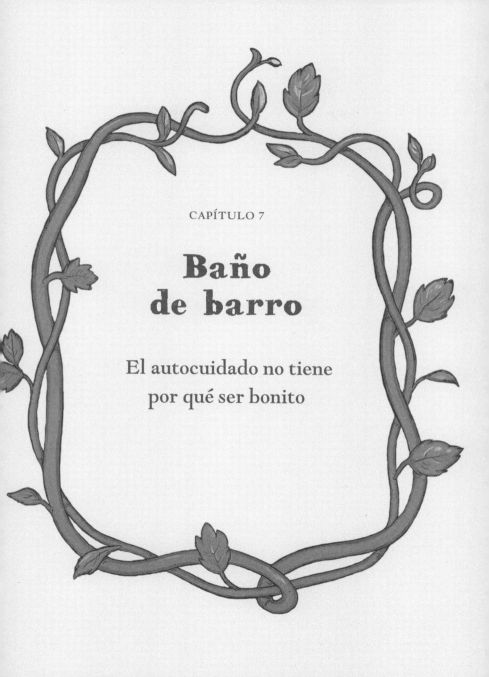

CAPÍTULO 7

Baño
de barro

El autocuidado no tiene
por qué ser bonito

No es ningún secreto que las industrias de la belleza y el bienestar no están precisamente de tu parte. En lugar de centrarse en aceptar y cuidar tu cuerpo, estas industrias están más decididas a «mejorarte» y mantenerte luchando por un objetivo de belleza que siempre se encuentra fuera de tu alcance. Si estás cansado de pensar en tu cuerpo como un producto de consumo o un objetivo a alcanzar, los principios goblin pueden serte de gran ayuda. Ser un goblin consiste en escapar de las garras del capitalismo (en la medida en que cualquiera puede hacerlo), y eso incluye oponerse al complejo industrial de belleza/bienestar y replantearse qué significa para ti el autocuidado.

Los goblins se cuidan porque sienta bien y se lo merecen. Los goblins se cuidan de forma que su salud mental se vea realmente beneficiada. Los goblins se cuidan de formas extrañas y a veces un poco brutas, ¿pero a quién le importa? El autocuidado goblin no es una actuación pensando en los demás, sino una ceremonia privada en reconocimiento de sus mentes y sus cuerpos. El autocuidado goblin no consiste en comprar productos especiales o superar momentáneamente el agotamiento para seguir trabajando; se trata de crear hábitos positivos para recordarte a ti mismo que importas, que mereces descansar y que tu valía va mucho más allá de tu productividad. Empieza a dedicar tiempo al autocuidado goblin y verás cómo cambia la visión que tienes de ti mismo.

Otro punto importante del autocuidado goblin es escapar de la búsqueda de la perfección. En lugar de intentar arreglarte a ti mismo o a tu cuerpo, empieza a aceptar aquellas cosas de ti que son diferentes, imperfectas o descuidadas. Esto no supondrá un cambio de la noche a la mañana, sino que la imagen corporal y la salud mental son luchas que pueden durar toda la vida. Nadie espera que mañana te levantes con una autoaceptación y un amor propio perfectos, pero practicar pequeños hábitos de autocuidado con cierta frecuencia puede suponer la diferencia en cómo te sientes contigo mismo con el paso del tiempo. Quizá algún día te des cuenta de que aquellas partes de ti que no se ajustan perfectamente a los cánones de belleza –las partes raras, incómodas, «feas»– son valiosas por sí mismas.

Día de *spa* goblin

Cuando piensas en el cuidado personal, es probable que te vengan a la mente imágenes de botellas brillantes de limpiador facial, cremas hidratantes lujosas, mujeres en albornoces blancos con rodajas de pepino sobre los ojos y salones de peluquería relucientes. Puede que estas imágenes te encanten, pero quizá nunca te hayan parecido reales o a tu alcance. Si quieres cuidarte, pero siempre te has sentido inseguro ante el complejo industrial del autocuidado, no estás solo. Puede resultar acuciante elegir entre los centenares de productos populares para el cuidado de la piel y los miles de artículos que supuestamente necesitas para cuidarte. Por fortuna, el autocuidado goblin no se basa en una idea capitalista del bienestar, ni se centra en mejorar el aspecto físico. Los días de *spa* goblin se centran en la autoestima: en ver cómo te encuentras, en pasar tiempo contigo mismo y en sentirte mejor.

Dedicar tiempo a relajarse y cuidarse puede mejorar mucho el estado de ánimo, y es un gran recordatorio de que merece la pena preocuparse por uno mismo. No hace falta que compres lujosos productos nuevos ni que te obsesiones con mejorar tu aspecto, simplemente puedes dedicar tiempo a ti mismo y a tu cuerpo, y a recordarte que mereces sentirte bien. Ya sea que dediques unos minutos o un día entero a cuidarte físicamente, seguro que te sentirás mejor. A continuación, te doy algunos consejos para honrar tu lado goblin al mismo tiempo que te mimas.

APUESTA POR LO HECHO EN CASA. Prepárate tus mascarillas faciales, tus exfoliantes corporales y los ingredientes necesarios para un baño relajante para que el tiempo que pasas contigo sea mucho más personal. Puedes preparar las mascarillas faciales con clara de huevo, posos de café, aloe vera, miel, etc. Los exfoliantes corporales y labiales son fáciles de hacer con un poco de azúcar y miel. Añade un poco de avena, bicarbonato o sales de Epsom a tu baño, junto con unas gotas de aceite de lavanda. Remata todo con las clásicas rodajas de pepino en los ojos y tendrás un relajante día de *spa* en casa.

SÉ RARO CON EL CUIDADO DE LA PIEL. La limpieza facial puede ser tan extraña como quieras. Una manera de adoptar el cuidado goblin de la piel es buscar productos faciales que utilicen baba de caracol; sí, has leído bien, baba de caracol. La baba de caracol funciona muy bien como hidratante, y se dice que hace que la piel esté más hidratada y tersa. Si tu piel reacciona mal a la baba de caracol o si necesitas una hidratación más intensa, siempre puedes probar el *slugging*. Se supone que el *slugging* va muy bien para la piel seca y es, además de sencillo, algo repugnante (ideal para los goblins). Sólo tienes que aplicarte una capa de vaselina en la cara después de lavártela por la noche. Puede que tengas que dormir sobre una toalla, pero por la mañana tu piel debería estar resplandeciente. Si quieres un truco goblin para el cuidado de la piel aún más sencillo, prueba a utilizar parches para el acné cuando te salgan granos. Los parches para el acné son exactamente lo que parecen: unos simpáticos parches que contienen un gel cicatrizante del acné. Hay parches de todos los colores y formas, ¿y qué forma hay más goblin de acabar con los granos que cubrirse la cara con una divertida colección de pegatinas?

MAQUÍLLATE TÚ MISMO. Nadie debería tener la sensación de que necesita maquillarse, pero si te parece divertido cambiar de *look,* hay muchas maneras naturales de hacerlo. Utiliza zumo de remolacha como tinte para labios y mejillas. Mezcla aceite de coco y cacao en polvo para hacer tu propio lifting de cejas. Con harina de arroz y cúrcuma o azafrán puedes preparar una sombra de ojos brillante y divertida. Tritura un cuenco de arándanos y utiliza el zumo para teñirte el pelo de lavanda. Hay montones de ingredientes naturales que puedes utilizar para preparar un divertido maquillaje goblin.

PIENSA DE MANERA SOSTENIBLE. La industria de la belleza genera muchos residuos, así que tu rutina de autocuidado físico es una buena ocasión para empezar a pensar de manera sostenible. Si hay productos de belleza que prefieres comprar a elaborar, piensa bien qué artículos compras. Busca esmaltes de uñas ecológicos, ya que los esmaltes normales contienen muchas sustancias químicas perjudiciales para el medioambiente. Dedica tiempo a buscar marcas y productos ecológicos. Busca brochas de maquillaje de bambú en lugar de plástico. Pensar de forma sostenible también te puede hacer ahorrar dinero. En lugar de comprar bolas de algodón de un solo uso, busca toallitas que puedas cortar y lavar después de usarlas. Y, por supuesto, elaborar tus propios productos siempre será mejor para el medioambiente que comprarlos.

Los beneficios de holgazanear

En algún momento de nuestra vida puede resultar catártico dejar que las emociones que solemos reprimir salgan a la superficie sin juzgarlas ni intentar contenerlas. No tienes por qué dejar que estos sentimientos se apoderen de tu vida, pero ser capaz de reconocerlos y de aceptarlos es una habilidad que merece la pena practicar. Haz el holgazán como acto alegre de aceptación de los aspectos más turbios de la vida. Trata tu dolor con la misma ternura con la que tratarías a un renacuajo que encontraras en un charco y prepárate para holgazanear.

1. El primer paso para holgazanear es ponerse cómodo. Nadie puede hacer el holgazán en un entorno incómodo. Prepara unas mantas, ponte ropa cómoda, túmbate en la cama o en el sofá y baja las luces. Tómate unos minutos para crear un espacio que te resulte acogedor, un espacio en el que te sientas cómodo durante un buen rato. A veces es difícil sacar las energías para hacerlo cuando te sientes mal, pero valdrá la pena al menos que te pongas el pijama.

2. Asegúrate de que tienes comida a mano. Nada puede echar más por tierra unas horas de hacer el holgazán que un estómago vacío. Pide una *pizza,* haz acopio de comida congelada o pídele a un amigo que te traiga algo para picar. No hace falta que la comida sea de primera calidad y complicada de preparar, pero tienes que tener algo para cuando quieras comer. Si tienes demasiada hambre, te costará mantener el control y la mente despejada. Quieres sentir tus sentimientos, no dejar que te dominen.

3. Recuerda que la vida puede esperar. Tanto si necesitas una tarde, un día entero o un fin de semana para holgazanear, recuérdate que te mereces ese tiempo. A veces, no hacer nada puede resultar estresante, ya que estamos muy acostumbrados a ser productivos cada minuto de nuestra vida. Pero casi todo lo que crees que tienes que hacer, ya sea responder a correos electrónicos o mensajes de texto o fregar los platos, puede esperar. (Mantén alimentados y limpios a los animales o a los seres humanos que tengas a tu

cargo, o déjalo preparado para que lo haga otra persona). Cualquier trabajo que tengas pendiente seguirá estando ahí una vez que hayas terminado de hacer el holgazán, y con suerte tendrás más energía para afrontarlo.

4. No te preocupes por la limpieza. Tus tareas domésticas pueden esperar, bañarte puede esperar, todo lo que no sea esencial puede esperar. Holgazanear no es una actuación. No se trata de quedar bien mientras te sientes mal. Es para tu bien, y si necesitas estar sucio y dejar que el polvo se acumule durante unos días, eso es lo que tienes que hacer.

5. Trátate con ternura. Ésta es la parte más importante de holgazanear. Es lo que distingue hacer el holgazán de un episodio depresivo normal. En lugar de pasar las horas revolcándote en el autodesprecio y la baja autoestima, tómate este paréntesis para examinar tus emociones. ¿Por qué necesitabas tomarte ese tiempo para hacer el holgazán? ¿Qué emociones han surgido mientras has estado holgazaneando? ¿A qué pensamientos o a qué sentimientos has retornado durante este tiempo? Sean cuales sean las emociones que surjan, intenta no rechazarlas ni enfadarte contigo mismo por tenerlas. En lugar de ello, permítete tener esos sentimientos, para ofrecer cuidado y atención tanto a las emociones fáciles como a las difíciles. A veces te sentirás mal. Estate preparado. Pero en última instancia ofrecerte ternura te ayudará mucho más de lo que te duele. Te mereces que te traten con cariño y consideración, incluso cuando no te sientes muy bien.

6. Deja de hacer el holgazán. Con el tiempo, tendrás que dejar de hacerlo; sé que es un fastidio, pero es así. De todos modos, no hace falta que lo hagas de golpe. Empieza poco a poco, duchándote o enviando un mensaje de texto a un amigo para saludarle. Si te sientes con fueras, prepárate una comida sencilla. Si vuelves al trabajo, dedica tu primer día a trabajar un poco más despacio de lo normal. Da un paseo o visita un lugar que esté fuera de tu cubil, pero que te haga sentir seguro y cómodo. Recuerda que

tienes amigos y un grupo de apoyo. No hace falta que dejes de hacer el holgazán y vuelvas a tu vida habitual a tu ritmo habitual. Sigue cuidándote y cuidando tus emociones, y muévete al ritmo que te parezca más adecuado. Recuerda las lecciones que has aprendido mientras hacías el holgazán.

UNGGUE

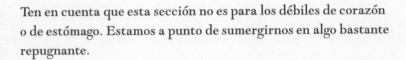

Ten en cuenta que esta sección no es para los débiles de corazón o de estómago. Estamos a punto de sumergirnos en algo bastante repugnante.

En la serie clásica de Mundodisco de *sir* Terry Pratchett, los goblins practican una religión llamada Unggue. Se basa en el principio de que los restos y las secreciones corporales son sagrados y deben cuidarse y conservarse. Los goblins practican esta religión fabricando pequeñas y hermosas vasijas, y llenándolas de secreciones: la cera de los oídos, las uñas de manos y pies, y los mocos que producen sus cuerpos a lo largo de su vida. Los goblins de Mundodisco se pasan la vida llenando sus vasijas con sus partes y sus fluidos especiales para poder ser enterrados con todo lo que sus cuerpos han producido. Los goblins no son populares en Mundodisco.

Es justo decir que, aunque repugnante, la religión goblin de Pratchett parece llegar a algo que rara vez se discute. Lo que pretende decir es esto: los seres vivos son repugnantes. La gente es repugnante. Estamos hechos de fibras y membranas purulentas y viscosas. Estamos llenos de pus y flema. Nos salen úlceras y costras, y vomitamos y rezumamos pus. ¿Qué podría haber más repugnante que esto? ¿Qué puede ser más asqueroso y repugnante que el cuerpo humano?

Y, sin embargo, esta repugnancia es lo que nos permite vivir. La gente es repugnante hasta el final de sus días, pero todos somos igual de repugnantes, y todos somos repugnantes por un motivo. Necesitamos cerumen, mocos y uñas para vivir. Los órganos son repugnantes sacos viscosos, pero morirías sin esos repugnantes sacos viscosos que son tu cerebro, tu corazón, tus pulmones y tus demás órganos.

 Tal vez Unggue sea un recordatorio de que podemos aceptar, e incluso querer, las partes repugnantes de nosotros mismos. Todo el mundo es repugnante. ¿Y si empezáramos a festejar, o al menos a aceptar, las cosas repugnantes? (Aunque tal vez no haga falta guardarlas).

Si vale la pena cuidar nuestro cuerpo, entonces vale la pena cuidar *todas* las partes de nuestro cuerpo. Unggue es una lección sobre cómo aceptar cada parte de ti mismo, cuidando y atribuyendo significado incluso a aquellas partes que preferiríamos ignorar. Incluso a aquellas partes que a menudo se consideran feas o raras.

Aromas frescos para relajarse y estudiar

Los olores tienen el poder de despertarnos recuerdos, desencadenar emociones fuertes y cambiar nuestro estado de ánimo. El olfato es el sentido más conectado con la memoria, y por este motivo solemos tener reacciones emocionales fuertes ante diferentes olores y oler algo familiar puede traernos de repente un recuerdo guardado desde hace mucho tiempo. Si te sientes mal, algunos olores pueden animarte, tranquilizarte o darte energía. ¿Por qué no incorporar los aromas a tu rutina de cuidado personal?

La aromaterapia y los aceites esenciales son muy populares, y no sin razón. Como el olor está tan estrechamente ligado a los recuerdos y las emociones, es lógico que para cambiar el estado mental vaya bien aprovechar el poder de los olores. Hay muchas maneras de incorporar el olor a su rutina de cuidado personal y muchos métodos de aromaterapia que tú mismo puedes hacer. Los aceites esenciales son difíciles de preparar, pero puedes hacer sin muchas complicaciones aceites infusionados (consulta el apartado «Aceite de diente

de león» para ver cómo prepararlos), bolsitas aromáticas, lociones perfumadas y varillas difusoras de fragancias. Y si elaboras tus propios productos perfumados, podrás elegir exactamente qué olores emplear. Experimenta para descubrir qué aromas te gustan más y cuáles tienen más influencia sobre tu estado de ánimo. Si no sabes por dónde empezar, a continuación te ofrezco una guía resumida sobre los aromas y sus efectos emocionales.

- **Para dormir:** Manzanilla, mejorana dulce, cedro.
- **Para despertarse:** Café, romero, menta.
- **Para relajarse:** Lavanda, pino, bergamota.
- **Para levantar el ánimo:** Cítricos, sándalo, hierba recién cortada.
- **Para mejorar la concentración:** Tomillo, canela, salvia.
- **Para aliviar el dolor:** Manzana, hierba limón, esclarea.

Por lo general, es mejor elaborar tus propias fragancias que comprar aceites esenciales, ya que estos últimos pueden contener sustancias químicas nocivas. Si compras aceites esenciales, investiga la empresa a la que se los compras. Y recuerda: ¡los aceites esenciales son muy nocivos para los animales de compañía! Si tienes una mascota, nunca pongas aceites esenciales en un difusor o en un humidificador.

PIEDRAS AROMÁTICAS

¿Buscas una forma goblin de llenar tu casa de aromas goblin? Haz piedras aromáticas. Nada mejor para un goblin que repartir por el hogar piedras aromáticas hechas en casa. Lo mejor de hacer tus propias piedras aromáticas es que puedes elegir los olores que más te gusten. Tal vez quieras que tu espacio huela a almizcle y dulce, o a tierra y humedad. Tal vez quieras oler a lluvia o a pino todo el día. Incluso puede que quieras que tus piedras aromáticas huelan a, bueno, piedras. El poder está en tus manos.

QUÉ NECESITARÁS

★ 1½ tazas de harina blanca, más si la necesitas

★ ¼ de taza de sal

★ ¼ de cucharadita de maicena

★ ⅔ de taza de agua hirviendo, más si la necesitas

★ 1 cucharada de aceite esencial o de aceite infusionado

★ colorante alimentario (opcional)

★ 2 cucharadas de hierbas secas, pétalos de flores o peladura de cítricos (opcional)

CÓMO HACERLO

1. Para hacer tus propios aceites infusionados, sigue las instrucciones sobre cómo preparar aceite de diente de león, pero sustitúyelo por la hierba o la flor de tu elección.

2. En un bol, mezcla la harina, la sal y la maicena.

3. Sin dejar de remover, añade lentamente el agua hirviendo a la mezcla.

4. Cuando la mezcla se haya enfriado, amásala con las manos hasta que esté firme. Añade más harina si la masa está demasiado húmeda o más agua si está demasiado seca. La masa debe ser suave, firme y no demasiado pegajosa.

5. Añade aceite. Si va a utilizar colorante, añádalo también en este momento.

6. Amasa con el aceite hasta obtener una masa homogénea. Si utilizas colorante alimentario, amasa hasta que el color se reparta uniformemente.

7. Una vez mezclado el aceite, arranca trocitos de masa (de unos 4 o 5 cm). Haz una bola con la masa y luego dale forma de piedra. Si quieres, puedes pegar hierbas secas o flores por encima.

8. Coloca las piedras en una bandeja para hornear o en una rejilla y déjalas secar durante al menos 8 horas.

9. Coloca las piedras en cuencos o frascos distribuidos por todo tu cubil para aromatizar el espacio. Si empiezan a perder olor, añádeles unas gotitas más de aceite.

Medita

Si sufres ansiedad, te distraes con facilidad o simplemente agradeces un momento de calma en un mundo tan ajetreado, crear un espacio en tu cubil para el *mindfulness* y la meditación te ayudará más de lo que imaginas. La práctica regular de la meditación puede ayudarte a reducir la ansiedad y el estrés, a mantenerte presente y concentrado durante el día, a gestionar las emociones difíciles e incluso a mejorar la creatividad. Todo lo que necesitas es dedicar unos minutos al día a practicar el *mindfulness* y dar un respiro a tu atareado cerebro.

Para incentivarte a meditar y hacer que tus meditaciones sean experiencias especialmente positivas, te puede ir bien crear un espacio de meditación para ti. Se trata de una zona –puede ser una habitación, una vitrina o simplemente un rincón– diseñada específicamente para que te sientas tranquilo y relajado. Para la mayoría de las personas, los espacios de meditación son minimalistas y vacíos. Sin embargo, no te preocupes si eres de los que prefieren mucho antes que poco. Tu espacio de meditación sólo tiene que ser relajante para ti. Estar rodeado de un desorden cuidadosamente elegido puede hacerte sentir conectado y recordarte aquello que aprecias. ¿Qué te hará sentir más tranquilo que estar rodeado de algunas de tus cosas favoritas? Si no te sientes a gusto en un espacio vacío, ¡no medites en un espacio vacío! Haz que tu zona de meditación sea acogedora, sea cual sea tu definición de acogedor. Te resultará más fácil relajarte y concentrarte si te sientes seguro y cómodo.

¿Qué tipo de espacio es desordenado, acogedor, relajante y natural? La respuesta es sencilla: un bosque. Hacer que tu zona de meditación parezca un bosque te conectará tanto con la naturaleza como contigo mismo. Al fin y al cabo, ¿qué hay más relajante que imaginarse sentado sobre una piedra con musgo en un bosque sombrío? Los bosques no son minimalistas ni limpios;

están llenos de setas, agujas de pino, pájaros, tocones, flores, sombras y todo tipo de bichos. Son lugares maravillosos relajantes y desordenados donde podemos entrar en contacto con el mundo natural en todo su extraño y turbio esplendor. A continuación te ofrezco algunos consejos para trasladar el poder meditativo de un bosque hasta tu cubil.

Encuentra tu espacio. El primer paso para crear tu espacio de meditación es, por supuesto, encontrar un lugar. Si vives en una casa o en un piso grande, puede que dispongas de toda una habitación que pueda transformarse en una sala de meditación en pleno bosque. Si por el contrario no dispones de mucho espacio extra, elige un rincón que no utilices mucho y conviértelo en tu espacio de meditación. Si un día eliges un espacio de meditación y al día siguiente decides que no funciona, no te preocupes. A veces hay que probar y equivocarse para elegir el lugar adecuado. De todos modos, reservar un lugar concreto para el *mindfulness* te animará a practicar, y puede ser importante que designes una parte de tu espacio exclusivamente al cuidado de tu mente.

No medites solo. Cuando pensamos en meditación, solemos pensar en sentarnos en silencio con nuestros pensamientos durante minutos y minutos. Es una forma difícil de meditar si eres principiante. En vez de ello, prueba a descargarte una aplicación de meditación gratuita (hay montones), un pódcast o un vídeo que te guste. Puede costar un poco encontrar una meditación que te guste escuchar, pero merece la pena el esfuerzo. La meditación guiada es una manera genial de aprender los conceptos básicos, y si decides utilizar la meditación para resolver un problema o una preocupación concretos, la meditación guiada puede ser de gran ayuda. No te convenzas de que necesitas meditar en silencio para «hacerlo bien». ¡Haz lo que te funcione mejor a ti!

Involucra todos tus sentidos. Para crear un espacio que te relaje de verdad, tendrás que ir más allá del aspecto de tu espacio de meditación. También necesitas olores, texturas y sonidos que te ayuden a relajarte y concentrarte. Como éste es un espacio de meditación ambientado en el bosque, prueba a utilizar aromas como el de pino, el de cedro o el de menta piperita para evocar un ambiente boscoso y, al mismo tiempo, fomentar la relajación y la reflexión. Aparte de tu guía de meditación, introduce otros sonidos que te hagan sentir relajado y conectado con la naturaleza. Prepara una *playlist* de sonidos de lluvia o busca un vídeo de sonidos del bosque. Reproduce los sonidos a un volumen lo suficientemente bajo como para que te relajen sin llegar a distraerte. En cuanto a las texturas, prueba a poner una alfombra o mantas que te recuerden el mullido sustrato del bosque, o almohadas con la textura aterciopelada del musgo.

Ten en cuenta la iluminación. La iluminación es una parte importante de la meditación. Te resultará más difícil sentirte presente si estás sentado bajo una intensa bombilla fluorescente, así que asegúrate de tener en cuenta qué tipo de luz te hace sentir relajado. Para separar tu espacio de meditación de la luz del resto de la habitación, prueba a colgar una sábana del techo a modo de dosel. Esto te permitirá iluminar tu espacio como quieras sin que interfieran las luces intensas del techo. Para imitar la luz tenue o salpicada de un bosque, prueba a colocar hilos de luces de hadas por todo el espacio. También puedes disponer lámparas de sal o lámparas de mesa regulables para crear un ambiente más acogedor. La iluminación parece un detalle sin importancia, pero contribuirá en gran medida a relajar tu mente.

Ponte cómodo y relajado. Resulta complicado sentirse relajado si no estás cómodo. Prioriza la comodidad en tu espacio de meditación colocando almohadas, cojines, mantas y alfombras. Si tu espacio te resulta cómodo, es más probable que quieras pasar más tiempo en él. Lo ideal es que tu espacio de meditación sea un lugar en el que te sientas seguro y sereno. Para un espacio de meditación en el bosque, prueba a colocar cojines y almohadas de diferentes texturas y densidades para imitar la diversidad de plantas, raíces, piedras y troncos de los árboles del bosque. Cubre el suelo con alfombras y mantas que te recuerden el sotobosque.

Decora tu bosque. Hay gente que dice que es importante tener un espacio de meditación despejado, y es cierto que no quieres que tu espacio esté desordenado y te distraiga. De todos modos, para un goblin puede resultar agradable tener cierto desorden positivo. La decoración puede hacer que tu espacio parezca más personal, lo que probablemente te hará sentir más relajado. No hay nada malo en tener un espacio de meditación con muchos adornos, siempre y cuando no te distraigas. Un espacio de meditación con temática de bosque podría incluir decoración como plantas, cristales, frascos de tierra, cojines y mantas de color verde oscuro y marrón, flores secas y ramas decorativas. Puede que te lleve tiempo decorar tu rincón de meditación de forma que te resulte personal y relajante, pero cuando encuentres el equilibrio adecuado, no querrás abandonar nunca tu lugar de *mindfulness*.

Forma un equipo de goblins

¿Qué pueden enseñarnos las setas y los hongos sobre la amistad? Bueno, al igual que las setas que crecen juntas en un corro de brujas, los amigos se apoyan mutuamente y se ayudan a crecer. La amistad es el micelio complejo, desconocido y esencial que nos conecta a todos. Aunque a veces te sientas solo, tener amigos significa que tienes la seguridad de que siempre estás conectado a un sistema de apoyo. Los amigos se nutren mutuamente, se sostienen los unos a los otros y a conectan con un mundo más amplio. En realidad, todas las setas que crecen en un corro forman parte del mismo organismo. Cuando hacemos amigos, también nos unimos y nos convertimos en algo más grande que nosotros mismos.

Está muy bien ser introvertido o disfrutar de tu tiempo a solas, pero al final todo el mundo necesita el cariño y el apoyo que ofrece la amistad. Encontrar buenos amigos y aprender a ser un buen amigo son habilidades que te servirán toda tu vida. Aprender a ser amigo te enseñará empatía, paciencia, consideración, quererte a ti mismo y a los demás, y otras muchas cosas más. Si te sientes mal, tener amigos significa que siempre tendrás a alguien que se preocupe por ti. Si tu amigo tiene problemas, tú puedes aprender a cuidar de los demás. Ten en cuenta todas las grandes cosas que la amistad puede ofrecerte cuando sales a formar un equipo de goblins.

Sin embargo, hacer amigos no siempre es fácil, sobre todo si (como sucede con muchos goblins) a menudo te ven como alguien raro. A continuación, te doy algunos consejos para atraer y cuidar a tu banda de goblins.

Conéctate a Internet. Éste es el lugar más obvio donde encontrar compañeros goblins. En Internet se puede encontrar de todo, incluidos amigos goblins. Hay comu-

nidades de goblins en todas las redes sociales (TikTok, Twitter, Tumblr, Reddit, Discord) y todas ellas son muy activas. Únete a un subreddit o entra en TikTok y empieza a charlar con tu comunidad goblin.

Ten cuidado al compartir tu información personal en Internet. Este consejo suena viejo y manido, pero sigue siendo cierto. Nunca sabes realmente con quién estás hablando, y nunca sabes dónde puede acabar tu información personal. No dejes que eso te asuste a la hora de unirte a comunidades goblin *online;* simplemente actúa de manera segura e inteligente y mantén la privacidad de tu información personal.

Únete a un club. Probablemente haya más clubes en tu comunidad de los que conoces. Por lo tanto, es probable que al menos algunos de estos clubes coincidan con tus intereses. Busca grupos que hagan excursiones juntos o grupos que pasen los fines de semana erradicando plantas invasoras. Tal vez en la biblioteca de tu barrio haya un club de lectura temático al que puedas unirte o quizá en una tienda de manualidades cercana haya un club de manualidades que conozcas. Únete a un huerto comunitario, a un club de observación de aves o incluso a un grupo de aficionados de rock *online*. No hace falta que encuentres un club que abarque todos tus intereses de goblin, pero si encuentras un grupo de gente que comparta tu pasión por al menos uno de tus intereses, casi seguro que acabarás haciendo un amigo goblin.

Apúntate a clases. Es como apuntarse a un club, con la ventaja añadida de que aprendes una habilidad. Es probable que tu biblioteca local ofrezca un montón de clases sobre todo tipo de cosas, así que es un buen sitio donde empezar a buscar. Si tienes cerca un jardín botánico, un museo o una universidad, también pueden ser lugares geniales donde dar clases. Para aumentar las probabilidades de conocer a otros goblins, busca clases de dibujo botánico, cestería, pesca en el hielo, decapado, fabricación y uso de tintes naturales, bisutería o compostaje casero, entre otras muchas cosas goblin. Al principio aprender junto a desconocidos una nueva habilidad puede cortarte un poco, pero en realidad es una gran experiencia para estrechar lazos. Es probable que todos los alumnos de tu clase sientan lo mismo que tú, y ser sincero con uno de tus compañeros sobre cómo te sientes es una manera genial de conectar con alguien. Encuentra una clase que se ajuste a tus intereses y seguro que encuentras un amigo goblin.

Organiza eventos goblin. Si te consideras una persona emprendedora, siempre puedes organizar tus propios eventos goblin. Es una manera genial de atraer a los goblins de tu comunidad hasta la puerta de tu casa. Organiza pícnics en el parque, una noche de trabajos manuales con cosas recicladas, un maratón de tus películas favoritas, un intercambio de ropa o una noche de juegos de rol. Invita a tus amigos y diles que traigan a otras personas que puedan estar interesadas, o anuncia tu evento en tu comunidad. Seguro que cerca de ti hay otros goblins que también buscan amigos goblins y estarán encantados de enterarse de tu evento.

Una vez que encuentras a tus compañeros goblins, ¿cómo conectas con ellos? Lo más difícil de hacer un nuevo amigo es hablar con alguien por primera vez. Puede resultar extraño e incómodo, pero siempre merecerá la pena si surje de una conversación incómoda un gran amigo. Aunque hacer contactos puede resultar abrumador, hay muchos consejos y estrategias útiles que debes tener en cuenta para que te resulte más fácil hacer nuevos amigos.

Sé sincero. La sinceridad es una forma de aceptar nuestras imperfecciones. Si puedes sincerarte con alguien sobre tus puntos débiles, estarás demostrando que aceptas tus propios defectos y debilidades, al menos lo suficiente como para no juzgar los defectos y las debilidades de los demás. Empieza una conversación con una pequeña confesión, quizá sobre lo nervioso que te ponía hablar con esa persona o apuntarte a ese club, o sobre lo inseguro que estás con el resultado de tus trabajos manuales. No hace falta que exageres (e intenta resistirte a ser crítico contigo mismo), pero lo más probable es que tu interlocutor también esté nervioso. Al empezar una conversación siendo sincero, dejas espacio para que la otra persona sea sincera contigo. Así ambos podréis aceptar vuestras imperfecciones.

Haz cumplidos. Cuando te acostumbres a ver la belleza por todas partes, es probable que se te dé muy bien hacer cumplidos. Al fin y al cabo, todo el mundo tiene algo único, guay o bonito, ya sea un pin divertido, un bolso de colores brillantes, un gorro de ganchillo o algo menos evidente, como un gran sentido del humor o unas habilidades culinarias impresionantes. Nada te ayudará más a caerle bien a alguien que hacerle un cumplido sincero, así que empieza a prestar atención a esa belleza y... ¡haz un amigo nuevo! (Hasta que no conozcas muy bien a alguien, es buena idea limitar tus comentarios a las cosas que puede controlar –cosas como sus rasgos de personalidad, sus habilidades y su estilo–, no a ninguna parte de su cuerpo, aunque tenga unos ojos *realmente* bonitos).

Haz preguntas. Ser un buen miembro de la comunidad significa pensar en los demás, y una buena forma de demostrar que piensas en los demás es haciendo preguntas. Hacer preguntas a nuevos amigos demostrará que estás interesado en ellos y que te preocupas por ellos. Si tienes la posibilidad de hacer que alguien se sienta especial y querido, ¿por qué no aprovecharlo? Presta atención a las cosas que a tu nuevo amigo le gustan, a las que no le gustan y si tiene algún pensamiento interesante, y pídele que te lo desarrolle. Haz un seguimiento de los acontecimientos, de las ideas y de las recomendaciones que mencione. Asegúrate de que sepa que lo valoras tanto como él a ti, porque en eso consiste ser un buen miembro de la comunidad.

Busca puntos en común. ¿Sabías que sentirse cómodo va más allá de sentirse físicamente cómodo? Para que una conversación resulte cómoda, debes encontrar puntos en común con tu nuevo amigo. Dirigir la conversación hacia cosas que os gusten a los dos puede evitar que la conversación se vuelva incómoda o unilateral. Si quieres empezar a sentirte cómodo con alguien, encontrar puntos en común es una forma rápida de conseguirlo, ya sea formulando preguntas, proponiendo temas que te interesen o incluso fijándote en cosas de tu nuevo amigo que puedan arrojar luz sobre sus intereses (como una camiseta que lleva puesta o un libro que lleva encima). Encontrar un tema que os interese a los dos es una manera genial de sentirse cómodo con una persona que acabas de conocer.

Recuerda que casi todo el mundo quiere tener amigos. Cuando hablas con alguien nuevo, es fácil pensar que eres la única persona del mundo que busca nuevos amigos. Pero eso no es cierto. Encontrar personas con ideas afines que te entienden y te apoyan es una experiencia increíblemente empoderadora, y la mayoría de la gente busca este tipo de empoderamiento. Cuando conozcas a un nuevo amigo, recuerda que está tan interesado como tú en todo lo que la amistad puede ofrecer. Tenlo presente y te sorprenderá cuán a menudo que te das cuenta de que los demás parecen alegrarse de que quieras ser su amigo.

El autocuidado implica mucho más que lavarse la cara o darse un baño de vez en cuando. Se trata de asegurarte de que priorizas tu salud mental, atiendes las necesidades de tu cuerpo y buscas la felicidad de manera habitual. El autocuidado no es igual para todo el mundo, y no pasa nada. Cada persona quiere y necesita cosas diferentes. Tómate tu tiempo para averiguar qué significa para ti el autocuidado, ya sea trabajar en tu jardín de flores silvestres, pasear por la playa al anochecer, dedicar tiempo a leer tu colección de libros sobre folclore o tomar un baño de barro.

En última instancia, el autocuidado consiste en recordarse a uno mismo que se merece un lugar en este mundo, y ganárselo constantemente. A veces la vida es avasalladora y puede llegar a ser difícil acordarse de que también hay que cuidarse. Pero cuanto más tiempo dediques a ser amable contigo mismo y a encontrar tu propio empoderamiento, mejor te sentirás y más podrás ofrecer a los demás. Cuidarte es un acto radical porque significa que perteneces al mundo.

En marcha, goblin

El mundo actual suele estar más interesado en la conformidad y la asimilación que en la comodidad y el estilo personales. El goblincore es especialmente adecuado para aquellos que siempre se han sentido fuera de lugar en un mundo que no quiere hacerles sitio. Adoptar un estilo de vida goblin significa aceptar todas aquellas cosas que te hacen diferente y darte cuenta de que son las mejores cosas de ti. Con suerte, aceptar tu condición de goblin puede hacerte sentir querido y recordarte que, independientemente de cómo quieras vivir tu vida, hay una comunidad detrás de ti y mucha diversión por delante.

Sean cuales sean tus gustos, siempre hay maneras de meter en tu vida el espíritu goblin. Tanto si vives en un piso minúsculo como en una casa en las afueras o incluso en un autobús escolar reconvertido, puedes hacer que la comodidad y la vegetación entren en tu espacio para que sea perfecto para ti. Lleves faldas o vaqueros, zapatillas de deporte o tacones altos, jerséis caseros o sudaderas compradas en unos grandes almacenes, puedes priorizar vestir aquella ropa que te haga sentir bien. En eso consiste el estilo de vida goblin: en recuperar la comodidad y el estilo personales para recordarte a ti mismo que perteneces a este mundo, aunque el mundo parezca empeñado en excluirte.

Honrar a nuestro yo goblin significa festejar nuestras pasiones, reivindicar nuestro derecho a los espacios verdes, escuchar a nuestro cuerpo, observar el mundo con curiosidad y dar prioridad a la comodidad. También nos recuerda que debemos coleccionar piedras chulas, respetar a los bichos y, a grandes rasgos, ser más raros. Si quieres ensuciarte, los goblins te invitan a que te acerques al barro, a la suciedad y a las setas. Si eres un poco más ordenado, puedes seguir siendo un goblin; sólo que tu colección de huesos de animales estará más organizada que la de otro tipo.

Por eso es bueno ser un goblin en comunidad con otros goblins: siempre hay alguien a quien le gusta hacer lo que a ti no te interesa tanto, y esa persona puede ofrecerte mucha información sobre las cosas que a ti sí te interesan. Juntos, los goblins son más fuertes y raros que separados.

El goblincore es algo más que un estilo de decoración o una reivindicación de ropa más cómoda (aunque esas cosas forman parte del goblincore). La vida goblin consiste en dar cabida a tus necesidades y tus deseos más extraños, sucios e inconfesables. Se trata de que te des cuenta de que, incluso cuando te sientes triste y baboso, sigues mereciendo tener un lugar en el mundo. Se trata de ponerte de pie y hacer sitio en tu ciénaga a otras personas, a todo tipo de personas, sin importar lo diferentes que sean de ti. Ser un goblin significa mirar a la tierra, a nuestra gran bola de barro y mugre, y preguntarte cómo puedes convertirla en un lugar más extraño, más sucio, más genuino, más divertido. En eso consiste el modo goblin.

Índice